6年間まるっとおまかせ！

短時間でパッとできる体育あそび大事典

『授業力＆学級経営力』
編集部 編

明治図書

イントロダクション

全員が楽しめる体育あそびとはどんなもの？

帝京平成大学　鈴木邦明

1．新型コロナウイルス流行の影響

新型コロナウイルスの流行は，人々の暮らしに大きな影響を与え，学校や子どもの生活にも変化をもたらしました。本書のタイトルにある「体育あそび」とかかわりのある，体育授業，レクリエーション，健康などにも大きな影響を与えています。

そういった中で私が改めて意識することになったのが，世界保健機関（WHO）の健康の定義です。WHO は健康の定義を「体（身体的）」「心（精神的）」「仲間（社会的）」のすべてを満たすこととしています。

体育授業やレクリエーションなどにおいて，教師も子どもも「体（身体的）」は意識していることが多いのですが，他の２つ（「心（精神的）」，「仲間（社会的）」）の存在を忘れがちです。新型コロナウイルスは，この残り２つの存在の大切さを改めて感じさせました。残念ながら，政府の発表によると，子どもの自殺者数が2020年には過去最高でした。人とのかかわりを強制的に遮断することとなった新型コロナウイルスの流行が，直接的，間接的に子どもの心や体に影響を与えていることが予想されます。

こういった状況において，本書がきっかけとなり，子どもが体を動かし，仲間とかかわる活動が増え，まわりの人と遊ぶことを通して，よりよい育ちや学びにつながることを願っています。

2.みんなで何かをする楽しさを味わう

最近，ドッジボールの是非が話題になったことがありました。肯定的な意見もある中，「活躍する子どもに偏りが出る」「弱い者いじめを助長する」などのネガティブな意見が多数見られました。

ドッジボールに関しては，私はどういった状況で取り組むのかということが重要だと考えています。もし，体育の授業で全員が参加する状況であれば，私は通常のやり方でドッジボールに取り組むことには反対の立場です。取り組むにしても，ルールを工夫し，多くの子ども，特に運動を苦手と感じている子どもが楽しむことができるようなやり方にしてから取り組むべきでしょう。ドッジボールは，活躍する（楽しむことができる）子どもが一部になりやすい種目だからです。

これが，休み時間で，好きな子どもだけが参加するような状況であれば，ドッジボールに取り組むことには賛成です。希望者は，基本的に投げることや逃げることが好きな子どもたちだからです。ねらわれて当てられることや当てられて痛い思いをすることなども承知のうえで参加しています。

このドッジボールの捉え方は，他の種目にもそのまま当てはめることができると思います。すべての子どもが参加する活動の場合，一部の子どもだけが楽しめる（活躍できる）のではいけません。すべての子どもが楽しむことができ，また，すべての子どもがやりたいと思うような活動を実施していくことが求められます。

そのために，教師は様々な配慮をする必要があります。個々の子どもの能力は様々です。また，子どもの集団にも違いがあります。教師にも個性があります。さらに，校庭や体育館など場所や設備にも違いがあります。こういった様々なことを考慮しながら，そのとき最適な活動を見つけ，取り組んでいきます。本書がそのための手がかりになれば幸いです。

3.「パッとできる」ことの効果

最後に，本書のタイトルにある「(短時間で) パッとできる」ことについて考えたいと思います。読者の皆さんは「パッとできる」という言葉から，どんなことをイメージするでしょうか。

先生の目線で考えてみると，「道具の準備などが大変ではない」「場所を選ばず取り組むことができる」といったことが考えられます。実際，本書で紹介している活動は，たくさんの道具を必要とする事例は少なく，じゃんけんなど，道具をまったく使うことなく取り組むことができる事例もたくさん紹介しています。道具が多くなると，準備の手間がかかります。さらに，片づけにも同様に手間がかかります。道具を使わずに取り組める活動であれば，いつでも，どこでも取り組むことが可能です。そういったことを考えると，少ない道具で取り組むことができるというのは大切なことです。

さらに，子どもの目線で考えてみると，「ルールがシンプルである」ことが思い浮かびます。ルールが複雑になると，その理解に時間がかかります。さらに，実際に取り組むと，ルールを守らない (守れない) 子どもが出る可能性もあり，その結果としてトラブルにつながることがあります。そういったことを考えると，ルールがシンプルであるというのも，子どもが楽しむうえで大切なことです。

※ご注意いただきたいこと

本書で紹介する活動やイラストは，紙幅の都合上簡略に示している部分などもあります。本書を参考に実際の活動を行う際には，安全面に十分配慮してご指導いただくようお願いいたします。

器械・器具

リレー

なわとび

表現・リズム

異学年交流

内容別　短時間でパッとできる体育あそび

学級開き・授業開き

鈴木邦明

ボール

田村　直

器械・器具

小林治雄

なわとび

前木場龍太／西岡　毅／垣内幸太

異学年交流

北川雄一

じゃんけん

鈴木邦明

鬼あそび

野澤諭史

リレー

鈴木邦明

表現・リズム

栫井大輔／中田智之

楽しみながら友だちを知ろう！

自己紹介じゃんけん列車

時間 5分

準備物 ●音楽

ねらい

自己紹介も兼ねたじゃんけん列車に取り組むことを通して，子どもの相互理解を深める。

対象 低学年 中学年 高学年

1.ルールを理解する

今から「自己紹介じゃんけん列車」をします。音楽に合わせて友だちとじゃんけんをして，負けた人は，勝った人の後ろに並び，列車のようになっていくあそびです。今回はそれに自己紹介も入れます。じゃんけんをする前に名前や好きなものなどを言ってからじゃんけんをします。列が2人，3人…と長くなっても，全員が自己紹介をしてからじゃんけんをします。聞こえる声で伝えてください。

2.1回目を行う

1回目はじゃんけんの前に「自分の名前」を言います。質問はありますか？

あいこだったらどうしますか？

うまくいくコツ
しっかりと自己紹介ができるように音を止める時間を十分確保する。

あいこの場合は勝ち負けが決まるまでやってください。
それでは，音楽スタート！

3．ルールを変えて２回目を行う

２回目は少しルールを変えます。今度は名前を言った後に「自分が好きなもの」を紹介してください。例えば，先生の場合「こんにちは，鈴木邦明です。好きなものはサッカーです」という感じです。先ほど同様，列の人全員が話をしてからじゃんけんをするようにしてください。

○○です！　好きなものはカレーです！

あっ，○○さんはカレーが好きなんだ。私と同じだ！

＼ ポイント ／

スマートフォンなどで音源を確保し，無線でスピーカーにつなげるとスムーズに取り組むことができます。

たくさんの仲間をつくろう！

猛獣狩り

時間 3分

準備物 なし

ねらい

教師のかけ声に合わせて仲間をつくるあそびを通して，新しい友だちと親しくなる。

1.ルールを理解する

今から「猛獣狩り」をします。みんなで猛獣を狩りに行きますよ。先生のかけ声に合わせて一緒に歌ってね。最後に猛獣の名前を言います。例えば「トラ」と言ったら，トラは2文字なので2人組になって座ります。「オオトカゲ」だったら5文字なので5人組です。

2.練習を兼ねて1回行う

では，練習で1回やります。♪猛獣狩りに行こうよ，鉄砲だって持ってるもん，槍だって持ってるもん，あ！　あ！　ライオン！

ラ・イ・オ・ンだから，4文字だ！

4人組にならなきゃ！

うまくいくコツ
全員ついてこれるよう最初はゆっくりしたスピードで。

3. 続けて2回目を行う

それでは，ここから少し難しくしていきます。文字数が多くなるのでしっかり聞いて，仲間を見つけてください。
♪猛獣狩りに行こうよ，鉄砲だって持ってるもん，槍だって持ってるもん，あ！　あ！　アメリカクロクマ！

あーっ，すごく長い！

ア・メ・リ・カ・ク・ロ・ク・マ…，8文字だ！

あと2人だ，だれかこっちに来て！

よし，集まった！　みんな座って！

＼ ポイント ／

その日の子どもの人数を把握したうえでグループの人数を決めるとスムーズに取り組むことができます。足りないところは教師が加わったり，だれかを2人とカウントしたりします。

ハラハラドキドキを楽しもう！

爆弾ゲーム

時間 5分

準備物
●ボール ●水風船
●音楽

ねらい

クラスのみんなと危険なあそびを一緒にすることを通して，ハラハラドキドキを楽しむとともに，クラスの一体感をつくる。

対象 低学年 中学年 高学年

1.ルールを理解する

今から「爆弾ゲーム」をします。みんなで1つの円になります。音楽に合わせて，爆弾（ボール）を回します。音楽が止まったときに爆弾を持っていたら爆発します。爆弾は3つです。

音楽が止まったときに2人の間に爆弾があったらどうしますか？

その場合は，じゃんけんで決めてください。

2.1回目を行う

では，実際にやってみましょう。
音楽スタート！

ドキドキするなぁ…。

うまくいくコツ
ボールの数が3個～5個あると，待ち時間が減る。

3.ルールを変えて２回目を行う

みんな上手ですね。それでは，ここからが本番です。爆弾を本当に危険なものにします。今度の爆弾はボールではなく，水風船です。小さなゴム風船の中に水が入っているものです。慎重に渡さないと破裂して，水浸しになってしまいます。素早く，慎重に隣の人に渡してください。

うわー，本当に危険だ！

わーっ，割れそうで怖い！

ピーッ！　そこまで！　みんながとても慎重だったので，水浸しになってしまう人は出ませんでした。よかったです。

＼ ポイント ／

水風船にすることで一気に緊張感が増します。水風船が割れても大丈夫な気温の日に行いましょう。

協力して素早く順番で並ぼう！

ラインナップゲーム

時間

5分

準備物

なし

ねらい

声を出さずに，自分のことを伝え合う活動を通して，クラスの一体感をはぐくむ。

1.ルールを理解する

今から「ラインナップゲーム」をします。2チームに分かれて対抗で争います。あるテーマを発表するので，そのテーマの順番でチームで並びます。並ぶとき話をしてはいけません。身振り手振りなどで自分の言いたいことを人に伝えてください。また，先頭が何になるか指定するので，指定通りに並んでください。並べたチームから座ってください。全員が座った時点ででき上がりとします。

2.ゲームを行う

実際にやってみます。話をしてはダメですよ。テーマは「誕生日」です。1月始まりではなく4月始まりです。4月生まれの人が一番前，3月生まれの人が一番後ろです。では，始め！

うまくいくコツ
はじめはわかりやすいテーマから取り組む。

3．合っているか確認する

両チーム，座りましたね。早かったのはAチームでしたが，もし間違っていたら，Bチームの勝利ということになります。まずはBチームから確認していきます。前から順に大きな声で，誕生日を言ってください。

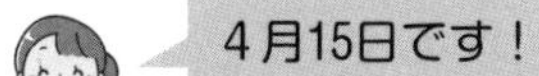

5月2日です！

AチームもBチームも全員合っていました。
ですから，今回は早くそろったAチームの勝利！

やったー！

＼ プラスα ／

「誕生日」以外にも「名前のあいうえお順」などが可能です。少し複雑なものだと誕生日の「月」と「日」をたしたものなどもあります。

心を合わせて立ち上がろう！
スタンドアップ

時間
5分

準備物
なし

ねらい

　複数人でタイミングを合わせて立ち上がることを通して，仲間との一体感を高める。

対象
低学年
中学年
高学年

1．ルールを理解する

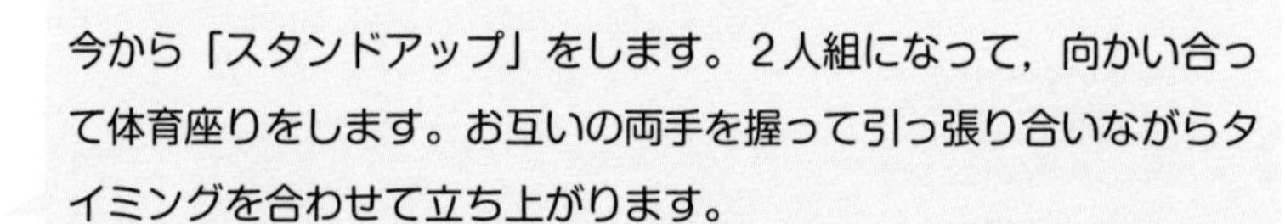

今から「スタンドアップ」をします。２人組になって，向かい合って体育座りをします。お互いの両手を握って引っ張り合いながらタイミングを合わせて立ち上がります。

2．２人組で行う

実際にやってみます。２人組になった人から始めてください。２人でタイミングを意識してください。

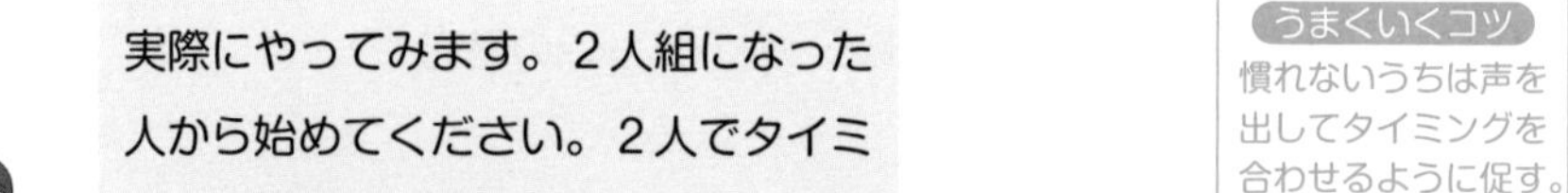
うまくいくコツ
慣れないうちは声を出してタイミングを合わせるように促す。

あーっ，少しタイミングがずれるとバランスが崩れて倒れてしまうんだ！

息を合わせてやろう，せーのっ！

3.人数を増やして行う

次は人数を増やしてやってみます。３人または４人でグループになりましょう。グループができたら，手を組んで，タイミングを合わせて立ち上がります。人数が多いほど難しくなるのでがんばってください。

○○さん，□□さん，がんばろう！

わーっ，やっぱり２人より３人は難しい！

みんなで息を合わせてすっと立つことができると，本当に気持ちがいいなぁ。

＼ プラスα ／

人数を増やすほど難易度が上がります。

みんなの名前を覚えよう！

名前しりとり

時間

5分

準備物

●スペシャルカード

名前を利用したしりとりをすることを通して，友だちの名前を覚え，クラスの一体感を高める。

対象
低学年
中学年
高学年

1.ルールを理解する

今から「名前しりとり」をします。名前を利用したしりとりのゲームです。例えば，先生は名前が「すずき」なので，はじめの「す」と最後の「き」を使います。例えば，「すずき」と「きのした」のように，うまく名前をつなげてグループをつくっていきます。何人でグループになるのかは先生が言います。つながりがつくりにくい場合もあるかもしれないので，特別にどの人ともつながることができる「スペシャルカード」を5枚用意しました。それを渡された人は特別にどの人ともつながることができます。困っている人がいたら助けてあげてくださいね。

2.練習を兼ねて1回行う

では，実際にやってみましょう。
では…「2人」。

うまくいくコツ
名前に「ん」などがあり，つながりにくい子どもにスペシャルカードを渡す。

私は「佐藤」だから「さ」か「う」の人を探すんだ。

ぼくは「石川」だから「い」か「わ」の人を探してる。

3．人数を増やして２回目を行う

やり方がわかりましたね。それでは次が本番です。難しくなりますよ。一度バラバラになってください。スペシャルカードの人はうまく動いてくださいね。それでは，今度は「５人」！

「す」がつく人，いますかー？

やった，そろった！　ちょっと確認するよ。「さとう」「うえやま」「まばし」「しもかわ」「わきた」。よし，ＯＫだ！　やったー！

＼ ポイント ／

新しいクラスで互いに名前を覚えていない状態のときに取り組むあそびです。自然と新しい友だちの名前を覚えることができます。

仲間と心を合わせよう！

瞬間移動

時間

10分

準備物

●新聞紙

ねらい

協力して瞬間移動に取り組むことを通して，友だちとの信頼関係を築いていく。

対象
低学年
中学年
高学年

1. ルールを理解する

今から「瞬間移動」をします。まず新聞紙で細い棒をつくります。2人組になり，少し離れてそれぞれ棒を立て，指で押さえます。タイミングを合わせて移動し，お互いに相手の棒が倒れる前につかみます。

2. 練習を兼ねて2，3回行う

まずは新聞紙を細く丸めて棒をつくります。棒ができたらペアから取り組んでください。はじめはあまり離れません。

息を合わせないと失敗しそうだなぁ…。

では，ペアを変えてやってみましょう。

うまくいくコツ
はじめは1mくらいの距離から始める。

3．人数を増やして行う

今度は人数を増やして行います。４人でやってみてください。形は四角形になります。人数が足りないところは３人で三角形でも大丈夫です。

わーっ，思ってたより難しい！

4．最後に学級全員で行う

最後は学級全員でやりたいと思います。円になってください。

１回で成功させたい！

＼ ポイント ／

最後に取り組む全員でのチャレンジは，失敗が続くと集中力が落ちていきます。ある程度の回数取り組んだら，成功しなくとも「ラスト３回」などと教師が声かけするとよいでしょう。また，棒は新聞紙でつくるのではなく，学校にあるものを利用してもよいでしょう。

自分の好きな場所を見つけよう！

お気に入りの場所はここ

15分

●タブレット

学校内の自分な好きな場所を探すことを通して，学校の中の自分の居場所づくりをする。

対象 低学年 中学年 高学年

1．ルールを理解する

今から「お気に入りの場所はここ」をします。外で自分のお気に入りの場所を見つけて，タブレットで写真を撮ってください。みんなにとってお気に入りの場所はどんな感じのところですか？

花がたくさん咲いているところ！

ぼくは木陰の涼しいところです。

うまくいくコツ
仲間と動くのではなく，1人で動くように声かけをする。

2．各自で取り組む

実際にやってみます。範囲は学校の敷地内です。時間は10時までです。10時までに教室に戻って，戻った人からタブレットを使って，紹介ページをつくっていてください。ハチなどの虫には気をつけてくださいね。

あっ，風が気持ちいいなぁ。

校舎の裏にこんな場所があるなんて知らなかったなぁ。

3．気に入った場所を紹介する

みんないろいろなお気に入りの場所があったようですね。
順番に紹介してください。

私は１年生で入学したときからずっとこのシイノキの下がお気に入りです。この場所で友だちとおしゃべりをするのが楽しいです。

ぼくはプールがお気に入りです。夏しか使うことができないけれど，暑い日に入るプールは最高だからです。

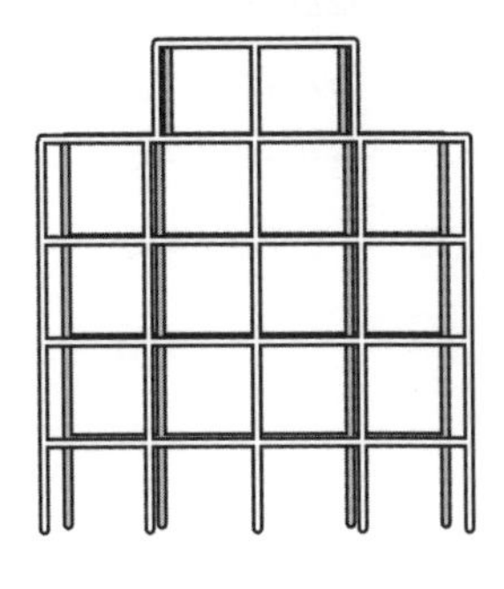

＼ ポイント ／

校庭の実態に応じて，安全にかかわる注意は細かく与えるようにしましょう。

仲間と息を合わせよう！

フラフープダウン

時間

5分

準備物

●フラフープ

ねらい

仲間と協力してフラフープを下ろすことに取り組むことを通して，友だちとの信頼関係を築いていく。

対象 低学年 中学年 高学年

1.ルールを理解する

今から「フラフープダウン」をします。５人組になります。全員が片手を出し，人差し指１本でフラフープを支えます。指は爪が上になるようにします。はじめは肩の高さで固定します。みんなで息を合わせ，ゆっくりとフラフープを地面まで下ろしていきます。だれかのタイミングが狂うとフラフープがバランスを崩し，安定しなくなり，落ちてしまいます。質問はありますか？

だれかが触っていなくてもよいのですか？

いいえ，全員触っている状態を保ちながら下ろしてください。

2.フラフープを下ろす練習をする

では，実際にやってみましょう。

簡単そうだから，すぐにできるかな。

あっ，ちょっとでもずれると落ちてしまいそう…。

3．何回か取り組む

息を合わせてゆっくりと下ろしていくといいですよ。

あ～，難しいなぁ。

みんなで息を合わせていこう！

やったー，うまくいった！　うれしいなぁ。

＼ ポイント ／

爪が下向きの場合の方が簡単になります。状況に応じて指示をしていくとよいでしょう。

楽しみながら体を温めよう！

じゃんけんランニング

時間 3分

準備物 なし

ねらい

じゃんけんの勝ち負けと走ることを組み合わせることで，楽しみながら体を温める。

対象 低学年 中学年 高学年

1．ルールを理解する

今から「じゃんけんランニング」をします。2人組になり，向かい合ってじゃんけんをします。負けた人は勝った人のまわりを1周走ります。走り終わったら，また向き合ってじゃんけんをします。負けが2回目の場合は2周，3回目の場合は3周走ります。負けが増えると走るのが大変になってくるから，負けないようがんばろう！

2．練習を兼ねて1回行う

では，実際にやってみましょう。
2人組になってください。

負けないぞ！

あっ，負けた。1周走るのか。

3．ペアを変えて２回目を行う

それでは，ペアを変えたいと思います。今組んでいたペアの人にお礼を言ったら，新しいペアを組みます。負けて，回る回数が増えてくると目が回ってしまうので，途中で回る方向を反対にしてもいいですよ。

よろしくお願いします！

さっきは５回連続で負けてしまって大変だったから，今度は負けないようにがんばるぞ！

＼ ポイント ／

同じペアで長い時間取り組むと走る回数が増えて大変になってしまいます。したがって，一定の時間が経過したら終了とし，ペアを変えて取り組むようにします。

楽しみながら体を温めよう！

体じゃんけん

時間 3分

準備物 なし

ねらい

体全体を使ってじゃんけんすることを通して，体を温め，仲間との一体感を味わう。

1.ルールを理解する

今から「体じゃんけん」をします。2人組になってじゃんけんをします。ただし，手でじゃんけんをするのではなく，体全体でじゃんけんをします。それでは，それぞれのポーズを決めましょう。グーはどうやりますか？

座ってひざを抱える感じがいいです。

いいですね。では，パーとチョキもやってみてください。

パーは足も手も広げた感じがいいです。

チョキは足を前後にして，手を上げて前後にする感じかなぁ…。

チョキはいろいろな形があるので，やる前に2人で決めましょう。

2．1回目を行う

では，実際にやってみましょう。2人組になってください。
ペアになったら，体じゃんけんを始めてください。

最初はグー，じゃんけん，ポン！

あっ，負けたぁ…。

うまくいくコツ
教師が大きな動作で見本を見せるとわかりやすい。

3．ペアを変えて2回目を行う

それでは，今度はペアを変えます。今までペアだった人にお礼を言ったら，新しいペアの人を探します。組めたペアから体じゃんけんを始めてください。

よし，今度はがんばるぞ！

＼ プラスα ／

負けた人は，鉄棒まで走るなどのルールを加えるとゲーム性が増し，運動量もさらに確保できます。

仲間とじゃんけんの勝ち負けを楽しもう！

新聞じゃんけん

時間 5分

準備物 ●新聞紙

じゃんけんに勝ったり負けたりすることを通して，仲間と一緒に活動することを楽しむ。

対象 低学年 中学年 高学年

1．ルールを理解する

今から「新聞じゃんけん」をします。1人に1枚新聞紙を配るので地面に広げ，靴を履いたままその上に立ってください。そして，前に出ている人とじゃんけんをします。負けた人は新聞紙を半分に折ります。負ける回数が多くなると，新聞紙が小さくなっていきますよ。がんばって小さくなった新聞紙の上に立っていてください。

2．練習を兼ねて1回行う

では，実際にやってみましょう。
やる前に何か質問はありますか？

あいこの場合はどうしますか？

あいこは勝ちと同じで折らないで大丈夫です。

うまくいくコツ
全員がついてこれるようにゆっくりしたスピードで行う。

3.ルールを変えて2回目を行う

それでは，2回目は少しルールを変えます。今度は，あいこは負けとします。1回目とは違い，あいこの場合は新聞を折ってください。それと前でじゃんけんする役は1回目で一番負けが多く新聞が小さくなっていた○○さんにやってもらいます。1回目に一番負けてしまったのは○○さんですが，今回はどうなるかわかりません。○○さんはがんばってください。みんなも負けないようにがんばってください。

さっきは負けてしまったけれど，今度はがんばるぞ！

あっ，あいこだけれど，今回は負けなんだ。悔しいなぁ…。

＼ ポイント ／

限られた時間で取り組みたいときは，あいこを負けの扱い（新聞紙を折る）にすることでスムーズにゲームが進んでいきます。逆に時間をかけて取り組みたいときにはあいこは勝ちにするとよいでしょう。

体全体を使って楽しもう！

体あっち向いてほい

時間

3分

準備物

なし

ねらい

体全体を使ったじゃんけんに取り組むことを通して，仲間と一緒に活動することを楽しむ。

対象
低学年
中学年
高学年

1.ルールを理解する

今から「体あっち向いてほい」をします。2人組になってあっち向いてほいをします。その際，じゃんけんは体全体を使ってやります。グーはしゃがんでひざを抱えます。パーは手と足を広げます。チョキは足を前後に開きます。じゃんけんで勝った人は普通に指を使ってあっち向いてほいをします。

2.練習を兼ねて2，3回行う

では，実際にやってみましょう。2人組になりましょう。ペアができたところから始めてください。

がんばるぞ！

負けてしまった。悔しいなぁ…。

3.相手を変えてさらに取り組む

ピーッ！　一度やめましょう。今やっていたペアにお礼を言ったらペアを変えます。新しいペアができたら，また始めてください。

ありがとうございました。楽しかったです。

こちらこそありがとうございました。本当に楽しかったです。

よろしくお願いします。

よろしくお願いします。負けないぞ！

＼ プラスα ／

あっち向いてほいで負けた場合は，鉄棒まで走るなどのルールを加えるとさらに盛り上がります。ただし，このゲームだけではないのですが，負けた子どもが取り組むものを「罰ゲーム」という言い方はしないようにしましょう。

楽しみながら体を温めよう！

腰あっち向いてほい

時間 3分

準備物 なし

ねらい

あっち向いてほいの方向を示す際，腰を使う活動を通して，楽しみながら体を温めていく。

対象 低学年 中学年 高学年

1.ルールを理解する

今から「腰あっち向いてほい」をします。２人組になって，普通にじゃんけんをします。あっち向いてほいをするのですが，負けた人は腰を使って方向を示します。腰に手を当てて，右，左，前，後の４方向に腰を動かします。勝った人は指を使って右，左，前，後の４方向の中から１つの方向を指します。

2.練習を兼ねて１回行う

それでは，実際にやってみましょう。
２人組になったら早速やってみましょう。

最初はグー，じゃんけん，ポン！

あっち，向いて…，ほい！

うまくいくコツ
腰の動きはわかりにくいので，大きな動作で取り組むように伝える。

3．相手を変えて２回目を行う

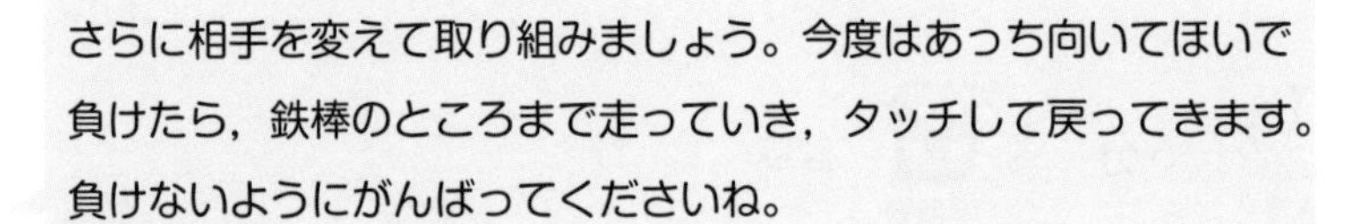

さらに相手を変えて取り組みましょう。今度はあっち向いてほいで負けたら，鉄棒のところまで走っていき，タッチして戻ってきます。負けないようにがんばってくださいね。

よーし，負けないぞ！

私も気合いを入れていくぞ！

腰って，普段はあまり意識をして動かさないから，腰を動かすいい運動になるなぁ…。

＼ プラスα ／

はじめのじゃんけんの部分を体全体を使う体じゃんけんにすると，さらに運動量が増えます。

じゃんけんとストレッチを一度にしよう！

縮みじゃんけん

時間

5分

準備物

なし

ねらい

じゃんけんの勝ち負けにストレッチ要素のある動きを合わせることにより，楽しみながら体のアップをする。

1．ルールを理解する

今から「縮みじゃんけん」をします。２人組になってじゃんけんをします。負けた人は，負けるたびにおよそ10㎝ずつ身長が小さくなります。膝を曲げて，腰を落とすようにしていってください。勝った人はそのままです。負けた人は少し低くなった体勢で次のじゃんけんをしていきます。

2．練習を兼ねて２，３回行う

２人組ができたところから始めてください。

あー，負けた。小さくならなきゃ。

うわっ，低くなるとちょっと辛いなあ…。

うまくいくコツ
縮む体勢は無理のないくらいで行うようにする。

3. 相手を変えてさらに取り組む

それでは，相手を変えてさらに取り組みましょう。じゃんけんに負けて少し縮んでいるときは，太ももなどが伸びていて，ストレッチをしている状態です。太ももや腹筋など使っている筋肉を意識しながら取り組むとさらにいいですよ。がんばってください。

確かに，縮んでいると太ももとの筋肉が伸びている感じがするな。ちょっと辛いけれどがんばろう。

太ももだけじゃなくて，腹筋も結構きついなぁ。先生は意識するといいと言っていたけれど，言われなくても意識してしまうなぁ。

＼ プラスα ／

負けたときに10㎝縮むというルールに，勝ったときは10㎝伸びる（戻る）というルールを加えるやり方もあります。そうすることでゲーム性が高まります。また，このルールを加えた方が，より長い時間取り組むことができます。

一瞬で判断しよう！

負けたら逃げろ

時間 5分

準備物 ●ラインカー

ねらい

じゃんけんの勝ち負けで役割が瞬時に決まる活動を通して，頭と体を活性化する。

対象 低学年 中学年 高学年

1.ルールを理解する

今から「負けたら逃げろ」をします。２人組になります。線が３本あります。２人は中央の線を挟んで立ち，向かい合います。そこでじゃんけんをします。負けた人は逃げて，勝った人は追いかけます。逃げる人は後ろにある線まで逃げ切ったら勝ちです。

2.練習を兼ねて２，３回行う

では，実際にやってみましょう。
２人組になったらじゃんけんをしてください。

勝ったのに間違って逃げちゃった！

すぐに逃げるか，追うかの判断をしなきゃいけないから大変だ！

うまくいくコツ
ペアでじゃんけんする際，少し離れている方が盛り上がる。

3．相手を変えてさらに取り組む

では，慣れてきたので，相手を変えて，また取り組みたいと思います。今までやっていた人にお礼を言ってから，新しいペアの人を見つけてください。

ありがとうございました。楽しかったです。

結構間違えて走っちゃった。でも，おもしろかったよ！

じゃんけんをしてから逃げるのか追うのかが決まるので，ドキドキしながらじゃんけんをしていたよ。

＼ ポイント ／

「ネコとネズミ」のじゃんけんバージョンです。じゃんけんにすることで勝ち負けを判断してから，動き出す必要が出てきます。そうすることで体だけでなく脳を刺激する運動あそびとなります。

仲間と協力して早く並ぼう！

どこが早く並べるか

時間 5分

準備物 なし

ねらい

言葉を使わずに，すばやく列をつくることを通して，仲間との一体感を高める。

対象
低学年
中学年
高学年

1.ルールを理解する

今から「どこが早く並べるか」をします。先生がリーダーになってじゃんけんをします。じゃんけんが終わったら，先生の前にグー，チョキ，パーごとに集まって，列をつくって並びます。全員がそろい，早く座ったチームの勝ちとなります。それぞれ何人いるかわからないので，多くなったチームはがんばってください。

2.練習を兼ねて1回行う

それでは，実際にやってみましょう。準備はいいですか？
最初はグー，じゃんけん，ポン！

パーはここに集まって！

チョキはこっち！

うまくいくコツ
最初の1回はゆっくり行うとスムーズに取り組むことができる。

3．ルールを変えて２回目を行う

では，ここからが本番です。今度はじゃんけんの後，先生は走って移動します。先生が立っている場所が各チームの先頭が立つ場所になります。少し大変になるけれど，がんばってください。最初はグー，じゃんけん，ポン！

あーっ，先生が遠くに行ってしまった！

先生を追いかけてから仲間で集まらないと！

グーはここに集まって！

チョキはみんなそろったから，早く座ろう！

＼ プラスα ／

教師が立つ位置（子どもの先頭の立つ位置）を変えることでいろいろな楽しみ方ができます。

じゃんけん

じゃんけんに勝ってどんどん進化しよう！

進化ゲーム

時間 10分

準備物 なし

ねらい

じゃんけんの勝ち負けで変化するゲームに取り組むことを通して，仲間と体を動かすことを楽しむ。

対象 低学年 中学年 高学年

1.ルールを理解する

今から「進化ゲーム」をします。じゃんけんをして，勝つと進化していくゲームです。最初は全員「たまご」です。じゃんけんで勝つと「ひよこ」になります。さらに勝つと「にわとり」，最後が「神様」です。「神様」で勝ったら終わりなので先生のところに来て座って待ちます。じゃんけんは，同じ種類同士でしかできません。じゃんけんで負けたらそのままで，勝ったら次のものに進化します。

2.1回目を行う

では，実際にやりましょう。はじめは「たまご」です。はじめ！

勝ち続けて，一気に神様になってしまおう。

うまくいくコツ

今の状態の見分けがつきやすいように，しゃがんだ状態を「たまご」として，徐々に腰を上げ，上体を起こしていくようにする。

3. ルールを変えて２回目を行う

では，次は少しルールを変えたいと思います。今度は，じゃんけんで負けたら１つ前のものに戻ってしまいます。

今度は負けたら大変だ。負けないようにしよう。

勝った！　次は「ひよこ」だ。「ひよこ」の人いないかな…。

負けた！　せっかく「にわとり」まで行ったのに「たまご」まで戻ってしまった。悔しいなぁ…。

＼ ポイント ／

ここでは「たまご」「ひよこ」「にわとり」「神様」の４つにしましたが，数を増やしたり，他のものに変えたりしても OK です。高学年では，本当の生物の進化の過程（水中生物→魚類→両生類→爬虫類→哺乳類→猿人類→ヒト）をたどるのもおもしろいでしょう。

仲間と一緒に体全体でじゃんけんしよう！

チームじゃんけん

時間 5分

準備物 なし

ねらい

仲間と一緒に体全体を使ってじゃんけんすることを通して，仲間意識を高めるとともに体を動かすことを楽しむ。

対象 低学年 中学年 高学年

1．ルールを理解する

今から「チームじゃんけん」をします。５人で１つのグループになります。１人が１本の指になり，５人で１つの手になります。曲げる指の人はひざを抱えてしゃがみ，伸ばす指の人は立ちます。チョキの場合，左から２人目，３人目の人が立ち，残りの人はひざを抱えてしゃがみます。何を出すのかは事前に相談しておかないと立ったり，しゃがんだりできないので注意してください。

2．練習を兼ねて２，３回行う

では，練習を兼ねて，実際にやってみてください。

パーで勝ったよ！

あっ，間違えて立っちゃった！

うまくいくコツ
じゃんけんの前に自分が何の指なのかをしっかりと確認させる。

3．相手を変えてさらに取り組む

では，少しやり方がわかったところで，相手を変えてやりたいと思います。みんなで協力してがんばりましょう。

あ〜，ついていけない！

4．全員でチームじゃんけんに取り組む

今度は全員で対決したいと思います。
全部の相手が見えるような形で並んでください。

みんなでやると迫力があるなぁ！

＼ ポイント ／

相手と対戦する前にチーム内で動きを練習をすることで，スムーズに取り組むことができるようになります。

ペアで息を合わせよう！

ボール運びリレー

5分

- ●ドッジボール
- ●長めのタオル

ねらい

ペアで素早くボールを運ぶ活動を通して，協力することの楽しさを体感する。

1．ルールを理解する

今から「ボール運びリレー」をします。ペアになって，両手をつないでください。つないだ手の上にボールを載せます。折り返し地点のコーンを回り，次のペアにボールを渡してください。

2．1回目を行う

では，実際にやってみましょう。
よーい，スタート！

スピード合わせて！

うわ～，落ちる！

ゴール！

うまくいくコツ
ボールを落としてしまった場合も，手で拾ってOKとする。

3.ルールを変えて2回目を行う

では，レベルを上げましょう。ペアでタオルの両端を持ってください。その上にボールを載せます。折り返し地点のコーンを回り，次のペアにボールを渡してください。ボールを渡すときも手で渡してはいけませんよ。

タオルで!?　楽しそう！

では，よーい，スタート！

意外といけそう！　簡単じゃん！

えっ!?　どうやって次のペアに渡すの…。

ボールが転がっていく～。

＼ ポイント ／

勝負にこだわらず，ペアで協力すること，不安定さを楽しむことに価値があることを伝えましょう。

ボール

状況に応じて判断しよう！

ボール集め

時間 5分

準備物
●ドッジボール
●フラフープ

ねらい

効率よくボールを集めてくる活動を通して，状況に応じて判断する力を養う。

1.ルールを理解する

今から「ボール集め」をします。４チーム対抗です。グラウンドの真ん中にボールがたくさん集めてあります。そのボールを自分の陣地にあるフラフープの中に持って行きます。ただし，他のチームが集めたボールを持って行ってもかまいません。制限時間内にたくさんボールを集めたチームが勝ちです。

2.１回目を行う

では，実際にやってみましょう。
よーい，スタート！

真ん中にあるボールを取りに行こう！

あっ，集めたボールを取られちゃった！

3．振り返りをして，2回目を行う

やってみてどうでしたか？

自分の陣地でディフェンスする人がいました。

ディフェンスはなしにします。
もう一度やってみましょう。よーい，スタート！

まずは真ん中にあるボールを取りに行かなきゃ！

だいぶ集まってきたなぁ。あっ，Bチームはもっとたくさん集めてる…。Bチームのボールを取りに行こう！

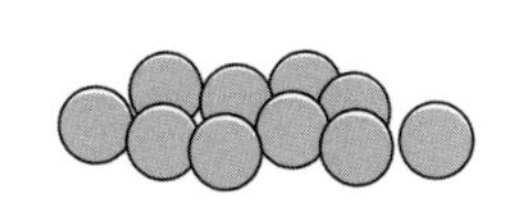

＼ ポイント ／

子どもたちには，頭脳戦であることを伝えましょう。意外な子が活躍したりします。

ボール

2つの球から逃げ切ろう！

ダブルドッジボール

10分

●ドッジボール
●ドッジビー

球が複数のドッジボールを通して，思い切り投げる楽しさやボールをよけるスリルを楽しむ。

対象
低学年
中学年
高学年

1.ルールを理解する

今から「ダブルドッジボール」をします。まずは普通のドッジボールです。ボールを投げて相手に当てます。当たった人は外野に出てください。外野になった人は，相手を当てることができたら内野に戻れます。元外野の人は当てても戻れません。ゲーム終了後，外野の人数が少ないチームの勝ちです。

2.ドッジボールを行う

では，実際にやってみましょう。
よーい，スタート！

よっしゃ，当てるぞ！

逃げろー！

うまくいくコツ
当たっても痛くない柔らかいボールを使う。

3．ダブルドッジボールを行う

次はダブルドッジです！　ドッジビーを１つ追加します。

球が２つ!?　逃げ切れるかな…

それでは始めます。よーい，スタート！

どっちから飛んでくるかわからない…。

ボール取った！　さぁいくぞ！
あっ，ドッジビー当てられた！

うわー，目が回る～。

＼ ポイント ／

腕力が強い子が目立ちがちですが，ドッジとはそもそも「避ける」という意味です。避けるのが上手な子を価値づけるとよいでしょう。

ボール

思い切りボールを蹴飛ばそう！

キックベース

15分

●サッカーボール

ねらい

キックベースを通して，思い切りボールを蹴ったり，走ったりして体を動かすことを楽しむ。

1.ルールを理解する

今から「キックベース」をします。まずは，置いてあるボールを蹴るルールでやってみましょう。ボールを蹴ったら，1塁に向かって走ります。ボールが戻ってくるまでに1塁まで行けたら1点，2塁まで行けたら2点，3塁までいけたら3点，ホームに戻って来れたら4点です。

2.1回目を行う

では，実際にやってみましょう。
よーい，スタート！

思い切り蹴っ飛ばすぞ！

やったー，ホームラン！

うまくいくコツ
必要に応じて，難しいジャッジはじゃんけんにするなどのルールも決めておく。

3.ルールを変えて2回目を行う

次は，下投げで転がしたボールを蹴ってみましょう。
さっきより難しくなりますよ！

わ～，難しそう。うまく蹴れるかな…。

それでは始めます。
よーい，スタート！

いくよー！　それー！

あっ，だれもいないところにボールが飛んでったー！

やったー，ホームラン！

＼ ポイント ／

子どもの実態に応じてルールを変更することが大切です。

思い切りボールをかっ飛ばそう！

ベースボールゲーム

時間

15分

準備物

- ●バッティングティー
- ●バット
- ●ボール
- ●テニスラケット

ベースボールゲームを通して，道具を使ってボールを思い切り打ったり，追いかけたりする爽快感を楽しむ。

1.ルールを理解する

今から「ベースボールゲーム」をします。まずはバッティングティーにあるボールをバットで打ってください。ボールが戻ってくるまでに１塁に行けたら１点，２塁まで行けたら２点，３塁まで行けたら３点，ホームに戻って来れたら４点です。残塁はなしです。

2.１回目を行う

では，実際にやってみましょう。
よーい，スタート！

思い切り打つぞ！
あらっ，空振り…。

なかなか当たらないなぁ…。

うまくいくコツ
必要に応じて，難しいジャッジはじゃんけんにするなどのルールも決めておく。

3.ルールを変えて２回目を行う

次はバットだけではなく，テニスラケットを使ってもかまいません。
ボールを投げてもいいです。
自分のやりたい方法でやってみましょう。

さっきはうまく打てなかったけど，今度はできそう！

それでは始めます。よーい，スタート！

いくよー！　それー！

テニスラケットの方が打ちやすい！

止まっているボールよりも，
投げてもらったボールの方がよく飛ぶんだね。

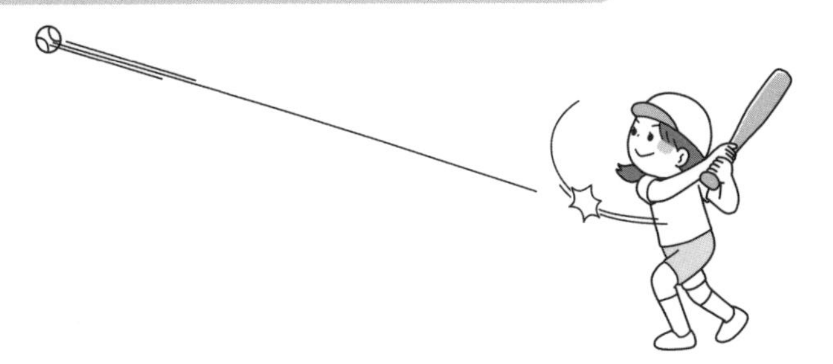

＼ ポイント ／

何で打つか，どんな球を打つかを子どもたちが選択できるようにするとよいでしょう。

ボール

ボールを守ろう，蹴飛ばそう！

ボール蹴り

時間 5分

準備物 ●サッカーボール

ボール蹴りを通して，ボールを守ったり，蹴ったりすることのスリルを楽しむ。

対象 低学年 中学年 高学年

1.ルールを理解する

今から「ボール蹴り」をします。1人1個サッカーボールを持って，コート内をドリブルしてください。ドリブルしながら，隙を見つけて人のボールを蹴って，コートの外に出してください。ボールをコートの外に出されてしまった子も，ボールタッチを10回やったらコートに戻れます。

2.1回目を行う

では，実際にやってみましょう。
よーい，スタート！

よーし，蹴られないようにするぞ！

うわっ，蹴られた！　ボールタッチ10回だ…。

うまくいくコツ
あまり遠くまで蹴飛ばさないように事前に確認しておく。

3．教師も参加する

次は先生も参加します！
みんなのボールをどんどん蹴飛ばすからね！

えっ，先生も入るの!?

それでは始めます。よーい，スタート！

うわ～，先生が来る！　逃げろー！

先生のボールを蹴ってやる…。やった，コートから出せた！

うわっ，やられた～！

＼ プラスα ／

あまり転がらないウレタン製のサッカーボールを使うと，より楽しめます。

ボール

体をうまく使ってボールを止めよう！

どこでもキャッチ

時間 5分

準備物 ●ドッジボール

　ペアで，体のいろいろな部分でボールをキャッチする活動を通して，心と体をほぐす。

1．ルールを理解する

今から「どこでもキャッチ」をします。まずは，２人１組でキャッチボールをします。普通に投げる，バウンドさせる，転がす…などいろいろな投げ方をして，キャッチしてみましょう。

2．１回目を行う

では，やってみましょう。
よーい，スタート！

いくよー！　それー！

うまくキャッチできた！　次は転がすよ！

OK，ナイスボール！

3．ルールを変えて2回目を行う

では，ルールを変更します。ボールは転がしましょう。また，投げる人は，体のどの部分でボールを止めるか指定してください。例えば，「足の裏」と言われたら，足の裏でボールを止めてください。

えっ，おもしろそう！　できるかな…。

では始めます。よーい，スタート！

> うまくいくコツ
> 後頭部など危険な部分は使わないよう事前に確認しておく。

いくよー！　足の裏！

簡単，簡単！　いくよー！　お尻！

お尻!?　うわー，ボールが後ろに行っちゃった！

＼ ポイント ／

強いボールを投げるのではなく，相手が受けやすいボールを投げることをアドバイスしましょう。

タイミングとコツをつかもう！

投げ上げ＆キャッチ

時間 5分

準備物 ●ドッジボール

ねらい

ボールを投げ上げ，いろいろな方法でキャッチすることを通して，楽しみながら捕球の感覚をつかむ。

1.ルールを理解する

今から「投げ上げ＆キャッチ」をします。1人1個ボールを持って，まずはボールを上に投げ，それをキャッチしてください。

2.1回目を行う

では，やってみましょう。よーい，スタート！

簡単じゃん！　できたよ！

次はボールを上に投げて，キャッチするまでに拍手をしましょう。何回拍手できるかな？

それー！　パチパチパチ。
3回拍手できたよ！

3．背中でキャッチする

では，レベルアップしますよ。上に投げたボールを，今度は背中でキャッチしてみましょう。これができたらすごいです！

体の後ろでキャッチするっていうこと!?　できるかな…。

では始めます。よーい，スタート！

ダメだぁ～。後ろは見えないから難しい…。

できた！　あまり高くボールを投げ上げなければできるよ。

おーっ，すごい。よくできました！

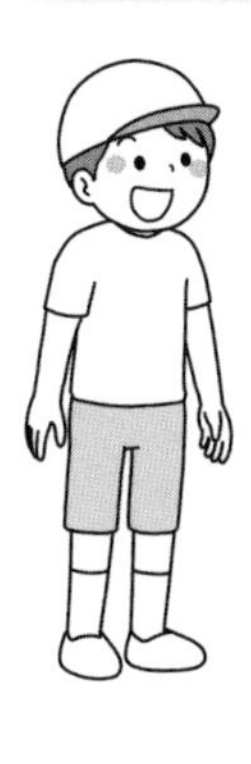

＼ プラスα ／

2人組や3人組になり，友だちが投げたボールをキャッチするという遊び方もあります。

ボール

相手のとりやすい球を投げよう！

ボールパスラリー

時間 5分

準備物 ●ドッジボール

ねらい

お互いに捕球しやすいボールを投げ合う活動を通して，相手意識をはぐくむ。

対象 低学年 中学年 高学年

1．ルールを理解する

今から「ボールパスラリー」をします。5ｍ程離れて2チームに別れてパスをし合います。相手にパスをしたら，列の後ろに並びましょう。その繰り返しです。3分間で何回パスができるかを競い合います。

2．1回目を行う

では，実際にやってみましょう。
よーい，スタート！

いくよ！　それ！

ナイスボール！

うまくいくコツ
児童の実態に応じて距離を調整する。

3．距離を変えて２回目を行う

うまくできましたね。それでは距離を７ｍにしましょう。
この距離でもうまくできるかな？

７ｍだと遠いな。うまくできるかな…。

それでは始めます。よーい，スタート！

わ～，遠い！　思い切り投げないと。それー！

うわー，どこに投げてるの !?

バウンドしてもいいから，とりやすいボールを投げよう！

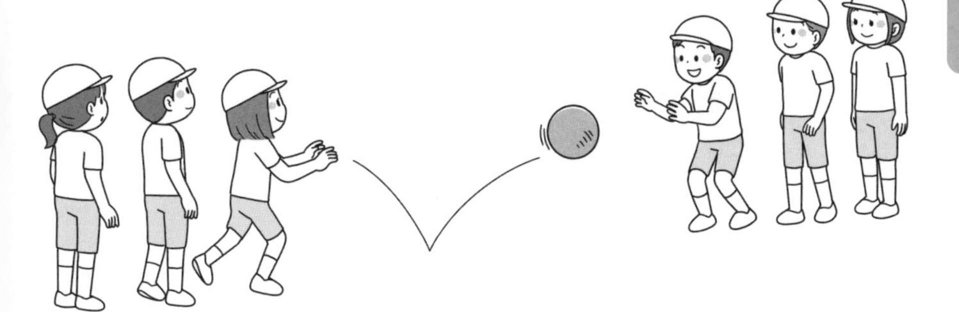

＼ ポイント ／

ボールの速さより，相手のとりやすいところに投げることが大切であることをアドバイスしましょう。

ラリーを楽しもう！

ハンドテニス

時間

10分

準備物

●ゴムボール

ねらい

手を使ってボールを打つテニスを通して，２人や４人でのラリーを楽しむ。

1．ルールを理解する

今から「ハンドテニス」をします。真ん中に引いてある線がネットの代わりです。ラケットの代わりに手を使います。まず，ボールを手で打って自分のコート内で１回バウンドさせ，相手のコートに入れます。相手はそのボールを同じように自分のコート内で１回バウンドさせ，打ち返します。打ち返すまでに自分のコート内で２回以上バウンドしてしまったらアウトです。

2．１回目を行う

では，実際にやってみましょう。よーい，スタート！

いくよー！　そーれ！

おっ，きた！　手だと打ち返しやすいね！！

3．コートを変えて２回目を行う

今度はコートを変更してみましょう。十字に線を引きました。４つのコートができたので，４人で対戦してみましょう。

４人で対戦!?　楽しそう！

それでは始めます。よーい，スタート！

いくよー！　そーれ！

おっ，きた！　それっ！

どこに来るかわからないからワクワクする！

＼ プラスα ／

ダブルスにしたり，コートを増やしたりして変化をつけることができます。

シュートを打って点をとろう！

3 on 3

時間

6分

準備物

●バスケットボール
●ポートボール台

3 on 3のポートボールを通して，友だちと協力し，ゴールを決めることの楽しさを感じる。

対象
低学年
中学年
高学年

1．ルールを理解する

今から「3 on 3」をします。コートは半面で，ポートボール台に立っているゴールマンがボールをキャッチできたら得点です。得点を決めたり，パスをカットされたりしたら攻守交替です。決められた場所からリスタートしてください。6分間で多く得点できた方が勝ちです。

2．1回目を行う

では，実際にやってみましょう。
よーい，スタート！

よーし，攻めるぞ！　みんな，動いて！

シュート！　決まったー！

3 .ルールを変えて２回目を行う

なかなか点が入らないですね。ルールを変えましょう。ゴールマンがボールに触れたら１点，キャッチできたら３点にします。

３点!?　みんな，３点をねらおう！

それでは始めます。よーい，スタート！

やった，１点！　点がとりやすくなった！

残り10秒だから，シュート，シュート！

やったー，逆転だー！

＼ ポイント ／

何点をねらって点をとっていくのか，作戦会議の時間をとってもよいでしょう。

ボール

守備をかいくぐってコーンを倒そう！

シュートゲーム

時間

6分

準備物

●ウレタンボール　●コーン（小）
●ポートボール台

ねらい

守備をかいくぐって，ボールでコーンを倒すゲームを通して，仲間との連携や集中力を高める。

対象 低学年 中学年 高学年

1.ルールを理解する

今から「シュートゲーム」をします。ボールを投げてポートボール台に乗っているコーンを倒します。コーンを倒したら，倒した人がコーンを元に戻しましょう。攻撃は3人，守備は2人です。1人1つボールを持って始めましょう。3分経ったら攻守交替です。

2.1回目を行う

では，実際にやってみましょう。よーい，スタート！

よーし，倒すぞ！

おっ，当たった！　よっしゃ！

やった！

うまくいくコツ
ウレタンのボールを使うことで，安全面を担保できます。

3.ルールを変えて２回目を行う

では，ボールの数を変更しましょう。ボールの数は１個です。
友だちと協力しないと，なかなか得点できませんよ。
よーい，スタート！

ボールが１個だと，なかなか点が入らない…。

パスを回そう！　パス，パス！

ナイスパス！　よし，シュートだ！

＼ ポイント ／

作戦会議の時間をとると，プレーの幅が広がります。

攻めと守りの頭を素早く切り替えよう！

しっぽとり

時間

10分

準備物

●スズランテープ（2色・30㎝を人数分）

ねらい

おしりにつけたしっぽをとられないようにしつつ，相手のしっぽをとる鬼あそびを通して，頭の切り替えをトレーニングする。

対象
低学年
中学年
高学年

1.ルールを理解する

今から「しっぽとり」をします。スズランテープをズボンのおしりにつけて「しっぽ」にします。相手チームの人にとられないようにしながら，相手チームの人のしっぽをたくさんとりましょう。たくさんとったチームの勝ちです。

2.1回目を行う

では，実際にやってみましょう。制限時間は2分です。
よーい，スタート！

最後までとられなかったけど，1つもとれなかった…。

追いかけてたら，逆に後ろからとられちゃった！
キョロキョロしなきゃいけないんだな。

3.しっぽの数を数えて結果を発表する

赤組は10本，白組は９本。１回戦は赤組の勝ち！

今度は負けないぞ！

4.何回か行い，合計得点で総合優勝を決める

優勝は合計得点で決めますよ。さあ，２回戦を始めます。
今度はとられないで逃げ切れるかな？　がんばってね。

相手の動きを見ながらしっぽを隠してくるくる回ると，
とられにくいよ！

とろうとしているときも油断しちゃダメなんだな。
結構頭を使う鬼ごっこだなぁ～。

＼ プラスα ／

「とられた子は10秒ストップしたら復活できる」というルールにすると，早くとられた子も最後まで楽しむことができます。

周囲をよく見て逃げよう！

もの鬼

時間

10分

準備物

なし

ねらい

指定された場所に逃げる鬼あそびを通して，周囲をよく観察しながら運動する力を養う。

対象

低学年 中学年 高学年

1. ルールを理解する

今から「もの鬼」をします。鬼になった人は，周囲にあるものの名前を言って，３秒したら追いかけます。逃げる人は，鬼が言ったものを触っている間はつかまりません。見つけられなかったり，触る前に捕まったりしたら鬼を交代します。

2. 1回目を行う

では，実際にやってみましょう。鬼は○○さんです。
「もの」は，今みんなが見えているものにしてくださいね。
スタート！

じゃあ……，鉄棒！

どこだ？　あった！　急いで触らなきゃ！

3．2回目を行う

次は○○さんが鬼ですね。今度は何かな？　スタート！

ジャングルジム！

うわー，遠くにあるなぁ！　逃げ切れるかな…。

4．何回か行う

キョロキョロまわりを見て，上手に逃げましたね。鬼役の人も遠くにあるものや小さいものを選んだりして工夫していました。

楽しかった～，またやりたい！

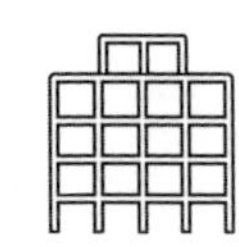

＼ ポイント ／

小さすぎて全員が触れないものやその場にないもの，触ると危険なものなどが出たときは，いったん止めて言い直させましょう。

ダンゴになるタイミングを見極めよう！

ダンゴ鬼

時間

10分

準備物

なし

ねらい

ダンゴになると友だちにタッチしてもらわないと復活できない鬼あそびを通して，助け合うことの大切さなどを学ぶ。

対象

低学年

中学年

高学年

1.ルールを理解する

今から「ダンゴ鬼」をします。逃げる人は，ダンゴムシのように地面にうずくまると鬼につかまりません。ただし，一度ダンゴになったら他の人にタッチしてもらうまでダンゴのまま動けません。全員が捕まったかダンゴになったら鬼の勝ちです。

2.1回目を行う

では，実際にやってみましょう。
鬼は4人です。
スタート！

うまくいくコツ
全体の人数に合わせて鬼の人数を決める。

やばい，つかまりそうだ…。ダンゴになろう！

ダンゴになったけど，動けないよ～。だれか助けて！

3．2回目を行う

ルールはわかりましたか？　次は鬼を変えましょう。

ダンゴになるとつかまらないけど，動けなくなるから，よくタイミングを考えてダンゴにならないとな。

うわー，ダンゴになる前につかまっちゃった！

4．何回か行う

勇気を出してダンゴになった友だちを助けてくれた人がいましたね。その勇気がすばらしいと思います。これからも，こんなふうにみんなで助け合い，協力してがんばりましょう！

＼ ポイント ／

教師は，友だちを助けた子や鬼が協力し合っている様子を見たら，すぐに子どもにフィードバックし，大いに認めましょう。

表現力に磨きをかけよう！

魔法鬼

時間 10分

準備物 なし

ねらい

つかまると動物になってしまう鬼あそびを通して，はずかしがらずに表現する態度をはぐくむ。

1. ルールを理解する①

今から「魔法鬼」をします。今回の鬼は魔法使いです。魔法使いにつかまると，3種類の動物に変身させられてしまいます。どんな動物がいいですか？

犬！

サル！

キジ！

桃太郎みたいですね！
では，犬はどんな動きですか？

よつんばいで歩けばいいと思います！

ではそうしましょう。（同様に他の動物の動きも決める）

2．ルールを理解する②

魔法使いはタッチするときに「犬！」「サル！」など魔法をかけながらタッチします。タッチされた人は，その動物になって動きます。同じ動物同士で握手をしたら人間に戻れます。全員が動物になったら，魔法使いの勝ちです。

犬で動くのは大変！　早く仲間を見つけて人間に戻らないと。

3．何回戦か行う

みんなとても素敵な動物たちでしたよ。1人だとはずかしいかもしれないけれど，みんなでやると楽しいね。今度は違う動物でやってみませんか？

＼ ポイント ／

動物を２種類にすると復活しやすくなり，動物の種類を増やすと復活が難しくなります。子どもの様子を見て調整しましょう。

知恵で体力を補おう！

ゾンビ鬼

時間

10分

準備物

なし

ねらい

ただ捕まえるだけでなく，どこをタッチするとよいかを考える鬼あそびを通して，知恵を働かせる楽しさを体感する。

対象 低学年 中学年 高学年

1．ルールを理解する

今から「ゾンビ鬼」をします。今回の鬼はゾンビです。ゾンビにタッチされるとそこが傷になってしまいます。だから片手で押さえながら走らなければいけません。2回目にタッチされたら，そこも押さえます。3回タッチされたらゾンビになってしまうので，今度はつかまえる側になります。全員がゾンビになったら終わりです。

簡単そうだな！

2．1回目を行う

どうですか，ゾンビにつかまらなかったかな？

タッチされた背中を押さえながら走ると，スピードが出ない！

走るときに手を使えないとこんなに走りにくくなるんだね。

なるほど。ゾンビはタッチする場所もよく考えるといいですね。では，本番をやってみましょう！

3．鬼を変えながら何回か行う

最後までゾンビにならなかったサバイバーは，○○さんです！
拍手～！

いつもは鬼になっても，足の速い人のことはつかまえられなかったけれど，今日は簡単につかまえることができたよ。

足をタッチするとすごく走りにくそう。今度は足をねらおう！

＼ ポイント ／

最後までつかまらなかった子が「サバイバー」です。みんなの前で思い切りほめてあげましょう。

鬼あそび

じゃんけんに勝って鬼を止めよう！

じゃんけん鬼

時間 10分

準備物 なし

ねらい

運が左右する鬼あそびを通して，あきらめずに最後まで参加することの大切さを学ぶ。

1.ルールを理解する

今から「じゃんけん鬼」をします。ルールは普通の鬼ごっこと同じで，全員鬼につかまったら終わりです。ただし，鬼にタッチされたらじゃんけんをします。鬼が勝ったら，タッチされた人はそのまま鬼になります。タッチされた人が勝ったら，逃げることができます。しかも，パーで勝ったら鬼は５秒間，そこから動けません。チョキで勝ったら２秒です。わかりましたか？

じゃあ，グーで勝ったら？

2.ルールを自分たちでつくる

そうですね。それはみんなで決めましょう。グーで勝ったら何秒？

10秒！

では，10秒という意見が多いので，10秒にしましょう。
始めますよ。

3．鬼あそびを行う

○○さんは，じゃんけんが強いから最後まで逃げられたね。
すごい！

タッチされてもじゃんけんに勝てばいいんだからチャンスがあるよ。
いつもはすぐつかまっちゃっておもしろくないけど，この鬼ごっこは楽しかった！

＼ ポイント ／

グーの秒数は，あまり長いとおもしろくありません。子どもの意見を引き出しながら教師がアドバイスしましょう。

チームワークでしっぽを守ろう！

ヘビとニワトリ

時間
10分

準備物
なし

ねらい

縦１列に並んで最後尾の子を守りながら逃げる鬼あそびを通して，チームワークの大切さを学ぶ。

１．ルールを理解する

今から「ヘビとニワトリ」をします。２チームに分かれます。片方のチームは，縦１列に並んで，前の人の肩に両手を置きます。これがヘビチーム。一番後ろの人がしっぽです。もう片方のチームは，ニワトリ役です。代表を１人選びましょう。

どうなったら勝ちなの？

ニワトリ役の人は，ヘビのしっぽの人にタッチしたら勝ちです。ヘビチームは，手を離さないようにして，ニワトリがタッチできないように動きながらしっぽの人を守りましょう。より長い時間逃げられたチームの勝ちです。

（ヘビチーム）じゃあ，並び方を考えよう！

(ニワトリチーム) だれがニワトリ役がいいかな？

2. 鬼あそびを行う

先生が時間を測りますよ。途中でヘビが切れたら負けですよ。
よーい，スタート！

ヘビの体の人が邪魔してなかなかしっぽの人を触れない…。

私が動きたい方向と逆に行っちゃう…。声をかけ合おう！

今の勝負は，20秒対25秒で○チームの勝ち！

＼ ポイント ／

教師はタイムの測定とヘビの胴体が切れないかの判定を行います。子どもが熱中するときこそ，冷静・的確に審判役を務めましょう。

つかまえる作戦，逃げる作戦を練ろう！

田んぼ鬼

時間 10分

準備物 なし

ねらい

田んぼの「田」の字の中を逃げ回る鬼あそびを通して，相手の動きをよく見て動くことができるようになる。

対象 低学年 中学年 高学年

1．ルールを理解する

今から「田んぼ鬼」をします。鬼は地面にかかれた「田」の字の線の上しか動けません。他の人は鬼につかまらないように１の部屋から２，３，４と動き，それを３周したらクリアです。つかまったら周回数がゼロになって１の部屋から再スタートです。

わかりました。鬼が線の上しか動けないならきっと簡単だね！

2．１回目を行う

鬼の数は３人です。制限時間は３分ですよ。
鬼は線の上だったらどこに動いてもかまいません。
よーい，スタート！

わぁ！　鬼がみんな１と２の間にいるよ。これは難しいぞ。

鬼が見ていない間に次の部屋に移ることができたよ！

3．作戦タイムをとる

鬼の人たちはちょっと作戦を考えてみてください。
それ以外の人もどう動いたらいいか考えてみましょう。

（鬼役の子たち）挟み撃ちにするといいんじゃないかな？
１つの線に固まらないようにしようか。

「そっち行ったよ！」とか声をかけ合うのもいいね！

＼ ポイント ／

中学年以上であれば，あそびの途中に作戦タイムを取り入れると盛り上がります。話し合いの経験を積ませることができます。

ルールを変えながら楽しもう！

ボール鬼

時間 10分

準備物 ●やわらかいボール数個

ねらい

ドッジボールとミックスした鬼あそびを通して，ボールを投げたり逃げたりすることを楽しむ。

対象 低学年 中学年 高学年

1．ルールを理解する

今から「ボール鬼」をします。といっても，鬼はいません。ボールを当てられたら外に出ます。自分に当てた人が外に出たら自分は復活できます。もちろん，ボールをキャッチしたらセーフです。

ドッジボールみたいだね！

2．1回目を行う

しまった，当てられたー！

だれか，○○さんに当てて！　私が復活できるから！

いったん終了！
最後まで中に残っていた人が勝ちです。拍手～！

3．ルールを変えて２回目を行う

次は，外に出た回数が一番少ない人が勝ちです。

ボールから離れていよう。そうやって勝ってもいいんだもんね！

4．ルールを変えて３回目を行う

最後は，復活なし！　だれが最後まで残るかな？

やった，最後の１人になれた！

＼ ポイント ／

子どもと一緒にルールを変えながらやると盛り上がります。

手をつないで，心もつなごう！

手つなぎ鬼

時間 10分

準備物 なし

ねらい

つかまったら手をつなぐ鬼あそびを通して，照れずに協力することのよさを体感する。

対象 低学年 中学年 高学年

1．ルールを理解する

今から「手つなぎ鬼」をします。鬼にタッチされたら，鬼と手をつなぎます。またタッチされたら３人で手をつなぎます。４人目をタッチしたら，２人ペアに分裂します。こうやって，最後まで残った人の勝ちです。

男女で手をつなぐのは，照れるなぁ…。

2．1回目を行う

しまった，タッチし損ねた！

しっかり声をかけ合わないと，思い通りに追いかけられないね。

そうですね。しっかりと伝え合うことが大切だね！

3.ルールを変えて2回目を行う

次は，５人まで手をつなぎます。
６人目をタッチしたら３人組に分かれましょう。

さらに難しくなった！　思い通りに動けないよ～。

4.ルールを変えて3回目を行う

最後は，鬼は全員手をつなぎます。がんばりましょう！

鬼が増えるごとに，逃げ道が少なくなるぞ！
これで全員つかまえられそう！

＼ ポイント ／

男女ペアでも照れずに手をつなぐよう声かけしましょう。

鬼あそび

追いかけられながら追いかけよう！

三色鬼

10分

なし

ねらい

追いかけられながら追いかける鬼あそびを通して，まわりをよく見る状況判断やチームワークを養う。

対象
低学年
中学年
高学年

1 . ルールを理解する

今から「三色鬼」をします。まず赤，白，黒（赤白帽と帽子なし）3チームに分かれます。ルールは次の通りです。
・赤は黒を追いかける
・黒は白を追いかける
・白は赤を追いかける
・つかまったら牢屋に入る。同じ色の仲間がタッチしてくれたら逃げられる。
・最後に残っている人が一番多いチームが勝ち。

追いかけられながら追いかけるのか。難しそうだなぁ…。

2 . 1回目を行う

つかまえるだけだとすぐに牢屋から逃げられちゃう…。

3．作戦タイムをとる

ここで作戦タイムにします。

他の色の人を助けられないようにすればいいんじゃない？
だから，牢屋を守る人も決めようよ。

じゃあ，分担を決めよう。次は勝てるぞ！

4．時間を区切りながら，何回か行う

友だちと話し合いながら，よく協力してがんばりましたね。
さすが高学年です！

やった，勝ったぞ！　作戦がよかったね。

＼ ポイント ／

高学年だと作戦タイムでかなりしっかりと作戦を立てることができます。あそびの中にも話し合いと協働の場面を取り入れましょう。

たまには思い切りふざけよう！

探偵鬼

時間

10分

準備物

●赤白帽

ねらい

いろいろなポーズを楽しむ鬼あそびを通して，運動するだけでなく，表現力も養う。

対象
低学年
中学年
高学年

1．ルールを理解する

今から「探偵鬼」をします。鬼といっても，３つの探偵チームに分かれます。ルールを説明します。

・あたま探偵は，頭を両手で押さえながらつかまえる
・おしり探偵は，おしりを両手で押さえながらつかまえる
・おなか探偵は，おなかを両手で押さえながらつかまえる
・つかまえるときだけ手を使ってもよい。タッチが同時ならじゃんけん。
・つかまったらその探偵に変身する
・終わったとき人数が一番多いチームの勝ち

チームの代表の人は，じゃんけんでどの探偵になるか決めましょう。

よし，じゃんけんに勝った！　ぼくたちおしり探偵になります！

え～，走るのが大変そうじゃないかなぁ…。

2．1回目を行う

制限時間は3分です。よーい，スタート！

両手が使えないと，うまく走れないなぁ…。

3．時間を区切りながら何回か行う

みんなの姿，とてもかわいかったですよ。おしりを押さえながら走るなんて，普段なかなかできないもんね！

はずかしかったけど楽しかった！　またやりたい！

今度は違う探偵にしたらどうかな？

＼ ポイント ／

あそびとしてはシンプルですが，童心に戻って高学年でも楽しく遊ぶことができます。

器械・器具

握力と筋力を高めよう！

勝ち残り雲梯じゃんけん

時間 7分

準備物 なし

ねらい

雲梯にぶら下がりながら勝ち残りじゃんけんをすることを通して，握力と筋力を高める。

対象 低学年 中学年 高学年

1.ルールを理解する

今から「勝ち残り雲梯じゃんけん」をします。チーム全員が，雲梯にぶら下がります。先生がじゃんけんマンになるので，先生と3回じゃんけんをしてください。片手でじゃんけんしても，足でしてもOKです。負けたらおりて，勝ったらそのままぶら下がっています。3回終わったところでぶら下がっている人が多いチームが勝ちです。

2.1回目を行う

では，やってみましょう。
はじめは，1班と2班がぶら下がります。じゃんけん，ポン！

やった，勝った！

あ～，負けたー！（雲梯からおりる）

3.ルールを変えて2回目を行う

では，２回戦いきます。今回は「負けが勝ち」です。
ではいきます。負けが勝ちよ，じゃんけん，ポン！

負けたぁ…，あっ，勝ちだ！

次は「あいこが勝ち」。あいこが勝ちよ，じゃんけん，ポン！

やった，あいこだから勝ちだー！

では，結果を言います。１班２人，２班１人，３班３人，４班２人，
５班４人，６班３人で，５班の勝ちー！

＼ プラスα ／

運動に参加できない子どもにじゃんけんマンをお願いして，みんなが参加できるようにするとよいでしょう。

器械・器具

もっと握力と筋力を高めよう！

雲梯ドンじゃんけん

時間

10分

準備物

なし

ねらい

雲梯ドンじゃんけんを通して，握力と筋力を高めるとともに，雲梯を移動する動きの感覚をつかむ。

対象

低 学年
中 学年
高 学年

1.ルールを理解する

今から「雲梯ドンじゃんけん」をします。雲梯を渡って行って，相手チームの人に出会ったら「ドン・じゃんけんポン！」のかけ声でじゃんけんをします。負けたらおりて自チームに戻り，勝ったら進みます。相手チームのところにたどり着いたら１点入ります。２分間で点数が多いか，同点の場合，半分より進んでいるチームの勝ちです。

2.雲梯の下で練習を行う

まず雲梯の下でぶら下がっているつもりで，１回練習しましょう。

勝ったら進むんだね。

負けたり落ちたりしたら列の後ろに戻るのか。

うまくいくコツ
全員に確実にルールを理解させるため，一度，雲梯の下で練習をする。

3.本番を行う

では，始めます。よーい，スタート！

よし，半分より進むぞ！

ドン・じゃんけんポン！　勝ったー！

ドン・じゃんけんポン！　負けた。次，早く！

わっ！　慌てて進んだら落ちちゃったー！

そこまでー！　1対0でBチームの勝ち！

＼ ポイント ／

ぶら下がれない子どもは，歩いてぶら下がっているようにして参加できるようにすると，多くの子どもが楽しめます。

器械・器具

逆さ感覚を高めよう！

いろいろ鉄棒じゃんけん

時間 10分

準備物 なし

ねらい

ふとんほし，ナマケモノ，コウモリの姿勢でのじゃんけんを通して，逆さ感覚を高める。

対象 低学年 中学年 高学年

1. ルールを理解する

今から「いろいろ鉄棒じゃんけん」をします。いろいろな姿勢でじゃんけんをします。何回勝てるかな。5回勝てたら上がりです。

2. じゃんけんで使う鉄棒技を確認する

では，じゃんけんをする前に，「ふとんほし」「ナマケモノ」「コウモリ」の3つの技ができるかを確認しましょう。班ごとに確かめてください。もしできない人は，できる人に教えてもらったり，先生のところに来てください。やり方を教えます。

ふとんほしとナマケモノはできたよ。

コウモリが難しいから，
教えてほしいなぁ。

うまくいくコツ
できないときは友だちに支えてもらってよいこととする。

3．本番を行う

では，これから本番です。いろいろな技で，いろいろな友だちとじゃんけんをしてくださいね。よーい，はじめー！

ねぇ，じゃんけんしよう！　ナマケモノでいい？

うん！　じゃんけん，ポン！　やった，勝った！

やった，４回勝ったぞ！　あと１回で上がりだ。

はい。そこまでです！　上がった人は，その場に立ちましょう。全員バンザーイ！　他の人は拍手ー！

＼ ポイント ／

けがをしないように事前に技の確認をしっかり行い，無理のない技で本番に挑戦させましょう。

器械・器具

もっと逆さ感覚を高めよう！

鉄棒じゃんけんリレー

時間 10分

準備物 なし

ねらい

鉄棒じゃんけんリレーを通して，逆さ感覚を高め，すぐにふとんほしやナマケモノの姿勢がとれるようにする。

対象 低学年 中学年 高学年

1.ルールを理解する

今から「鉄棒じゃんけんリレー」をします。チーム対抗戦です。スタートしたら，鉄棒でふとんほしかナマケモノをしながらじゃんけんします。勝ったら戻ってチームの次の人にタッチします。負けたら，次の相手が来るまで待ち，再びじゃんけんします。全員が先に終わったチームが勝ちです。

2.練習を行う

では，ふとんほし，ナマケモノじゃんけんをやってみましょう。できるかどうか友だちと確認してくださいね。

ふとんほし OK だね。じゃんけん，ポン！

ナマケモノってどうすれば片手でできるの？

うまくいくコツ
できない子どもを集めてポイントを伝える。

3．本番を行う

では，これから本番です。まずは，ふとんほしで。よーい，ドン！

じゃんけん，ポン！　やった，勝った！

負けた～！　残らなきゃ…。

次は，ナマケモノです。よーい，ドン！

足を引っかけるのができないー！

はい，今日勝ったチームは手をあげてー！
負けてしまったチームは拍手ー！

＼ ポイント ／

　うまくできない子どもには，同チームの友だちか教師がサポートに入ります。

もっと鉄棒に親しもう！

鉄棒折り返しじゃんけんリレー

時間 10分

準備物 なし

ねらい

鉄棒折り返しじゃんけんリレーを通して，鉄棒運動は技の練習だけではないことを知り，より親しみをもつ。

対象 低学年 中学年 高学年

1.ルールを理解する

今から「鉄棒折り返しじゃんけんリレー」をします。チーム対抗戦です。鉄棒の前にいる相手チームのじゃんけんマンとじゃんけんをして，勝ったらそのまま折り返して，次の人にバトンタッチします。負けたらナマケモノで鉄棒１つ分を渡ってから戻り，次の人にバトンタッチです。全員が先に終わったチームが勝ちです。

2.練習を行う

ナマケモノで移動する練習をしましょう。また，チームでじゃんけんマンを１人決め，鉄棒の前に立ってください。

ナマケモノ渡りって難しいと思ったけど，短いからすぐできた。

私，じゃんけんマンだ。がんばるぞ！

3.本番を行う

これから本番を始めます。じゃんけんマン，がんばってください。
よーい，ドン！

やった，勝った！

じゃんけん，ポン！　あ～，負けた。ナマケモノしないと。

では，勝ったチームはバンザーイ！　負けたチームは拍手ー！
続いて２回目を始めます。違うチームと勝負しますよー。

よし，次はがんばるぞ！

＼ ポイント ／

何チームかでグループをつくり，勝ったら上のグループに上がり，負けたら下のグループに下がるとすると，より盛り上がります。

回転感覚を高めよう！

前回りおりリレー

時間 10分

準備物 なし

ねらい

前回りおりリレーを通して，勢いよく回転して前回りおりをすることで，回転感覚を高める。

対象 低学年 中学年 高学年

1．ルールを理解する

今から「前回りおりリレー」をします。鉄棒のところまで行き，前回りおりを１回して戻ります。そして，次の人にタッチします。全員が一番早く終わったチームが勝ちです。

2．練習を行う

まずは，前回りおりの練習をしましょう。できない人は，先生やできている友だちに声をかけてね。補助してもらったり，やり方のコツを教えてもらったりしましょう。

できた！　できていない人，教えるよー。

回るのが怖いんだよね。
どうすればできるようになるかなぁ…。

うまくいくコツ
ふとんほしの状態から手首を返してゆっくりおりるとよい。

3．本番を行う

では，本番です。がんばっていきましょう。よーい，ドン！

うまく回れたぞ！　早く次の人にタッチしないと。

回るの怖いなぁ…。だれか，サポートしてー！

勝ったチームおめでとう！　みんな拍手ー！　次は前回りおり２回です。さっきサポートしてもらった人は１回で OK です。

２回 !?　大変だー！

またサポートお願いね！

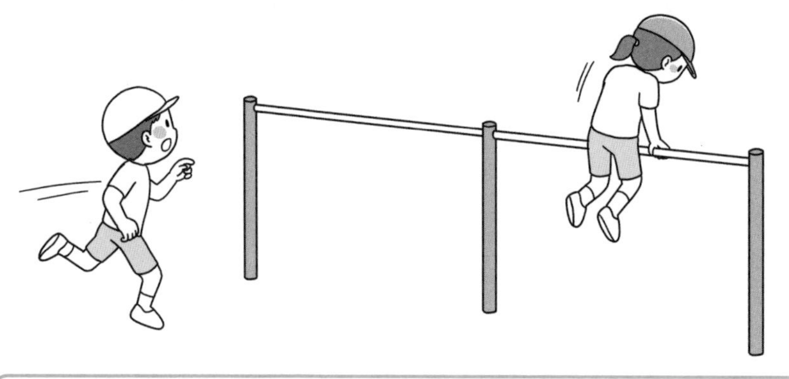

＼ ポイント ／

できない子どものサポート役をつけて，みんなができるようにすると，全員で楽しむことができます。

器械・器具

振り感覚，跳びおり感覚を身につけよう！

振り跳びおりチャンピオン

時間 10分

準備物 なし

ねらい

他の人より遠くに跳ぼうと意識することで，脚を振って手を突き放す感覚を身につける。

対象 低学年 中学年 高学年

1.ルールを理解する

今から「振り跳びおりチャンピオン」をします。脚を振って鉄棒を突き放して後ろに跳んでください。一番遠くに跳ぶことができるのはだれかなー。

2.練習を行う

では，やってみます。脚を振ってタイミングよく手で鉄棒を突き放して跳んでください。いろいろな高さの鉄棒で試してみよう。

けっこう難しいなぁ…。

どのタイミングで突き放せばいいのかな…。

うまくいくコツ
ゆっくり振って，突き放しのタイミングをつかませる。

怖い人は低いところからやってみましょう。
慣れてきたら少しずつ高い鉄棒でチャレンジしてみましょう。

高い鉄棒で跳ぶと，遠くに跳べるよ！

3．跳んだ距離を競う

それでは，高さを決めて高さごとに跳んだ距離を競いましょう。

よし，負けないぞ！

いーち，にーの，さん！　やった，新記録だ！

みんなよく跳べましたね。一番跳んだ人に拍手！

＼ ポイント ／

後方に脚を振り切る少し前に鉄棒をしっかり突き放すと遠くに跳ぶことができます。

器械・器具

高さ感覚を養おう！

ジャングルジム王様じゃんけん

時間 10分

準備物 なし

ねらい

ジャングルジムを使った王様じゃんけんを通して，高さ感覚を養う。

対象 低学年 中学年 高学年

1.ルールを理解する

今から「ジャングルジム王様じゃんけん」をします。
①でじゃんけんをして，勝ったら②に上がり，負けたら①に居残りです。②でもジャンケンをして，勝ったら③に上がり，負けたら②に居残りです。③で勝ったら王様で，負けたら①に戻ります。王様は常に1人です。先生が「終わり」と言ったとき③で王様になっている人が勝ちです。

2.動き方を確認する

まず①②③にA班の人たちが行ってください。先生がやってみます。①でじゃんけんをします。勝ちました。次は②に行ってじゃんけんをします。負けました。先生は②に居残りです。先生に勝った人は③の王様に挑み，勝ったら王様，負けたら①に戻ります。

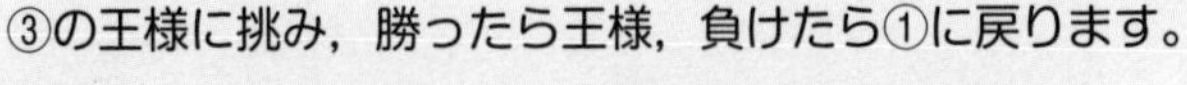

3．本番を行う

では，王様目指してがんばりましょう。よーい，はじめ！

じゃんけん，ポン！　勝った！　②に上がれるぞ！

負けた～。次は勝つぞ。

じゃんけん，ポン！　やった，王様だ！

王様で負けたから①に戻らなきゃ…。

終わりー！　王様は手をあげてください。みんな拍手ー！

＼ ポイント ／

ぶつかったり，落下したりしないよう十分注意して行いましょう。

巧みに動く力を高めよう！

ジャングルジムリレー

10分

なし

ねらい

ジャングルジムのまわりや，ジャングルジムの中を走ってリレーすることを通して，巧みに動く力を高める。

対象

低学年
中学年
高学年

1.ルールを理解する

今から「ジャングルジムリレー」をします。ジャングルジムのまわりを走って反対側まで行ったら，中を通って戻ります。そして次の人にタッチしてください。早く全員走り終えたチームの勝ちです。

2.ジャングルジム内のコースを確認する

ジャングルジム内のコースを歩いて確認します。チームでどのコースを走るのかを決めましょう。

このコースが一番早いと思うよ。

中は低くなって走るといいね。

コースが空いているかを見ながら走るといいかも。

うまくいくコツ
コースを実際に何度か歩いて覚える。

3．本番を行う

では，本番を始めます。よーい，ドン！

よし，勝つぞー！

ジャングルジムの中が走りにくいよー。

次は，反対のコースで走りますよ。よーい，ドン！

反対回り，前と違う感じがするよ。

楽しく運動できましたね。勝ったチームに拍手ー！

＼ プラスα ／

ジャングルジム内でぶつかったときは，じゃんけんをしてどっちが先に走るかを決めるとより盛り上がります。

器械・器具

バランス感覚を高めよう！

平均台ドンじゃんけん

時間 10分

準備物 なし

ねらい

平均台を何度も渡ることを通して，バランス感覚を身につけたり，高めたりする。

1．ルールを理解する

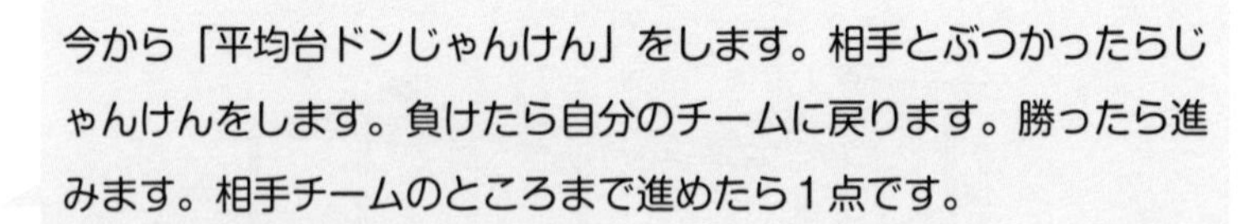

今から「平均台ドンじゃんけん」をします。相手とぶつかったらじゃんけんをします。負けたら自分のチームに戻ります。勝ったら進みます。相手チームのところまで進めたら１点です。

2．動きを確認しながら練習する

では，やりながらルールをもう一度確認していきましょう。相手とぶつかりました。ドーン！　じゃんけんをします。じゃんけん，ポン！　勝ちました。勝った人は進み，負けた人は戻ります。負けたことがわかったら次の人はすぐに進みます。

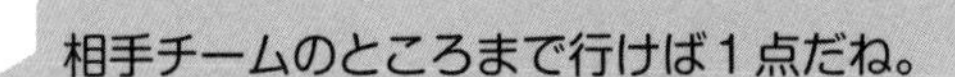

相手チームのところまで行けば１点だね。

あー，わかった。こうするのかぁ。

うまくいくコツ
全員がルールを理解できるようゆっくり進める。

3．本番を行う

これから本番を始めます。じゃんけんの前に落ちてしまったら陣地に戻りますよ。よーい，ドン！

ドン・じゃんけんポン！　あーっ，負けたー！

ドン・じゃんけんポン！　あと１回で１点とれたのにー。

やった，１点だ！　次，すぐ出てー！

早く行かないと！

はい，そこまでー！　３対２でＡチームの勝ちです！楽しくゲームできていましたね。お互いに拍手ー！

＼ プラスα ／

箱などをバトン代わりにして持ち運び走バージョンにしても盛り上がります。

器械・器具

バランス感覚とチーム力を高めよう！

平均台並べ替えゲーム

時間 10分

準備物 なし

ねらい

平均台上で並び替わる運動を通して，バランス感覚及びチームのまとまりの力を高める。

対象 低学年 中学年 高学年

1.ルールを理解する

これから，「平均台並べ替えゲーム」をします。先生が「○○の順番に並べ替え！」と言います。そうしたら，みなさんは，平均台から落ちないようにその順番に並んでください。先生が終わるまでの時間を計っているので，なるべく早く並び替わってください。

2.並び替わる方法をチームで確認する

チームごとにどうやって並び替わるのかを確認しましょう。

私が前を通るから，○○さんは後ろを通って…，
あ～落ちるー！

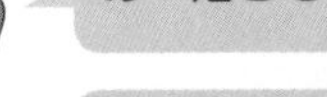

せーの，できた！
このやり方がいいかもしれない。

3．本番を行う

では，これから本番ゲームをします。どうすればよいかをよく考えながら並びを替えましょう。最初は…「名簿順」に並びましょう！ 並び終わったら，みんなで「終わった！」と言いましょう。
よーい，はじめ！

ぼくは５番だよ。

私は８番。じゃあ，私が後ろに行くね。せーの，よいしょ！

これでいいかな。せーの，終わったー！

では，確かめてみましょう。名簿番号を言ってください。両チームともに○ですね。拍手ー！　では今度は，「誕生日順」に並びましょう。よーい，はじめー！

＼ プラスα ／

声を出さずに行ったり，早く並び替われたチームの勝ちにしたりすると，ゲーム性が高まります。

器械・器具

走りながら障害物を越えよう！

平均台リレー

時間

10分

準備物

なし

ねらい

平均台リレーを通して，走りながら障害物を跳び越えたり，乗り越えたりする力を高める。

1．ルールを理解する

今から「平均台リレー」をします。平均台に向かって走って行ったら，平均台を越えて，置いてあるコーンを回って，また平均台を越えて次の人にタッチします。

2．チームで平均台の越え方を確認する

チームごとに平均台をどうやって越えるかを確認しましょう。跳び越えますか？　乗ってから越えますか？

ハードルみたいに跳び越えるのがいいよ。速く越えられるし。

でも引っかかりそうで怖いなぁ。乗り越えようかな。

台の上に乗ってから跳ぶと遠くに行けるよ。

3．本番を行う

では本番！　どちらのチームもがんばろう。よーい，ドン！

よしっ，うまく跳び越えられたぞ！

やった，勝った！

次は，相手チームの１つ目のコーンのところにじゃんけんマンが立ちます。勝ったらすぐ折り返して戻り，負けたら２つ目のコーンを回って戻ります。じゃんけんマンを決めて，相手チームの１本目のコーンのところに立ちましょう。では始めます。よーい，ドン！

わーっ，負けちゃった！　２つ目のコーン回らないと～。

＼ ポイント ／

越えるのが難しい子どもは，脇から回って越えなくてもよいこととすると，だれでも参加しやすくなります。

器械・器具

運を味方にしてバトンをつなごう！

運試しリレー

時間 10分

準備物
- ●バトン
- ●コーン
- ●箱
- ●ボール
- ●アンカーたすき

運の要素のあるリレーに仲間と協力して取り組むことを通して，体を動かすことを楽しむ。

対象 低学年 中学年 高学年

1．ルールを理解する

今から「運試しリレー」をします。それぞれの人が走る距離は運によって決まります。前の人からバトンをもらったら，自分の前にある箱の中からボールを取り出します。青のボールだったら手前のコーン，黄色のボールだったら真ん中のコーン，赤のボールだったら奥のコーンを回ってきます。ボールは確認をしたら元の箱に戻してから走ってください。コーンを回って戻ってきたら，列の後ろを回ってから，バトンを渡してください。

2．練習を兼ねて１回目を行う

では，一度練習です。相談して走る順番を決めてください。アンカーはたすきをつけてください。

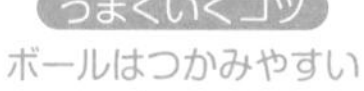

ボールはつかみやすいようにゴムの野球ボールなどを用いる。

3．続けて２回目を行う

では，次が本番です。一度やってみたけど質問はありますか？

間違えてボールを持って走ってしまったらどうしますか？

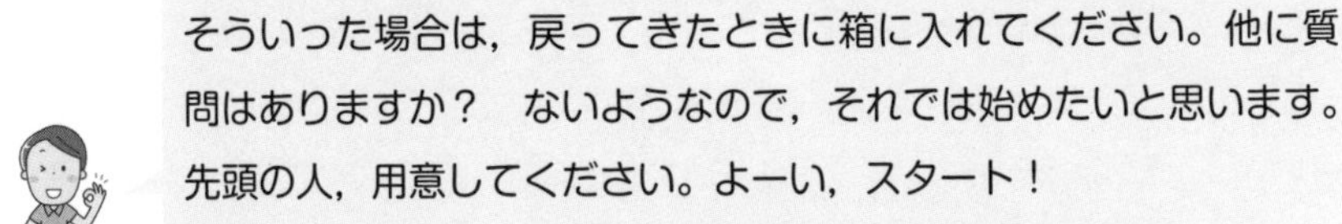

そういった場合は，戻ってきたときに箱に入れてください。他に質問はありますか？　ないようなので，それでは始めたいと思います。先頭の人，用意してください。よーい，スタート！

○○さんは青だ！　自分も青を取りたいなぁ。がんばろう。

＼ ポイント ／

箱は小さな段ボールなどを使うとよいでしょう。内側が見えないようにしておきます。ちょうどよい箱がない場合は，袋などでも構いませんが，その場合も内側が見えないようにすることが大切です。

リレー

運を味方にしてバトンをつなごう！

じゃんけんリレー

時間

10分

準備物

●バトン　●コーン
●アンカーたすき

運の要素のあるリレーに仲間と協力して取り組むことを通して，体を動かすことを楽しむ。

1. ルールを理解する

今から「じゃんけんリレー」をします。それぞれの人が走る距離は運によって決まります。前の人からバトンをもらったら，自分の前に立っている人とじゃんけんをします。勝ったら手前のコーン，あいこだったら真ん中のコーン，負けたら奥のコーンを回ってきます。コーンを回って戻ってきたら，並んでいる列の後ろを回ってから，次の人にバトンを渡してください。じゃんけんをする人は隣のチームの人が担当します。

2. 練習を兼ねて1回行う

それでは，実際にじゃんけんリレーをやってみましょう。何か質問はありますか？

じゃんけん担当の人は走らないのですか？

じゃんけんの人は２人必要です。前半と後半で交代してください。前半の担当の人は走るのが後ろの方の人，後半の人は前半に走って，走り終わった人がやってください。

3．続けて２回目を行う

では，ここからが本番です。気合いを入れてがんばろう！

走るのもがんばるけど，まずはじゃんけんをがんばるぞ！

全員がじゃんけんで勝てば，それだけできっと１位だよ！

＼ ポイント ／

４チーム（ABCD）で取り組むときは，A のじゃんけんを B が担当，B のじゃんけんを A が担当，C と D も同様にするとよいでしょう。

いろんな障害を乗り越えバトンをつなごう！

障害物リレー

時間 10分

準備物
- ●バトン
- ●アンカーたすき

障害物を乗り越えるリレーに仲間と協力して取り組むことを通して，体を動かすことを楽しむ。

1．ルールを理解する

今から「障害物リレー」をします。校庭にあるいろいろなものを障害物として，跳んだり，避けたりしながら走ります。コースの説明です。スタートはこの場所です。コースは，「砂漠ゾーン（砂場）」「山岳ゾーン（小山）」「底なし沼ゾーン」があります。まず，砂場の真ん中を通り抜けます。無事砂漠ゾーンを突破したら，ジャングルジムを回って，小山の上の木を回ります。山岳ゾーンを突破したら，次の人にバトンを渡すために，スタート地点まで戻って来ます。ただし，山岳ゾーンからスタート地点の間には少し多めに水が撒いてあります。底なし沼ゾーンです。底なし沼ゾーンを避けることもできますが，走る距離は長くなってしまいます。

2．練習を兼ねて試走する

では，練習で一度コースを走ってみましょう。

砂漠ゾーンは走りにくいなぁ…。

底なし沼ゾーンをそのまま走るか避けるか迷うなぁ…。

3．本番を行う

それでは，本番を始めます。

○○さん，がんばって！

ゆっくりでいいから，確実にね！

後半に向けて少し力を温存しながら走ろう。

＼ ポイント ／

それぞれの学校の校庭にあるものを上手に利用するとよいでしょう。遊具が利用しにくい場合は，コーンを置くなどの工夫をします。

慎重につなごう！

バケツリレー

時間 10分

準備物
- ●バケツと水
- ●アンカーたすき

ねらい

意外性のあるリレーに仲間と協力して取り組むことを通して，体を動かすことを楽しむ。

対象 低学年 中学年 高学年

1．ルールを理解する

今から「バケツリレー」をします。リレーですが，バケツがバトンの代わりです。バケツの中には水が入っています。走っているときに水をこぼしてしまったら，水を追加してから走ってもらいます。バケツには赤い線がかかれています。その線より水が少なくなってしまったら，水を追加して赤い線まで入れてください。

2．練習を兼ねて１回行う

それでは，バケツを持って走る練習をします。
どういった持ち方がよいか相談しながら試してみてください。

それほど重くはないんだな。

焦って走るとこぼしてしまいそう…。

うまくいくコツ
こぼれてもよいようにはじめは多めに水を入れておく。

3．続けて２回目を行う

それでは，本番です。水をこぼさないように走ってください。
第一走者は集まってください。よーい，スタート！

あ～，いきなり水がこぼれた！

急いで水を足さなきゃ…。

こぼさないように慎重にゆっくりと走った方がよさそうだね。

水をこぼさないコツがわかった！
水面があまり動かないようにすればいいんだよ。

＼ ポイント ／

少し水がこぼれてしまうことを前提にして取り組むとよいでしょう。万が一子どもが水で濡れてしまっても大丈夫な時期を選んで取り組むようにしましょう。

リレー

いつもと違う動きでバトンをつなごう！

後ろ向きリレー

時間 10分

準備物
- ●バトン
- ●アンカーたすき

いつもと違う動きのリレーに仲間と協力して取り組むことを通して，体を動かすことを楽しむ。

対象 低学年 中学年 高学年

1．ルールを理解する

今から「後ろ向きリレー」をします。後ろ向きで走るだけで，それ以外はいつものリレーと同じやり方です。あまり焦ると転んでしまうので，少し練習してからリレーをしたいと思います。

2．練習を行う

では，少しだけ後ろ向きで走る練習をしてみましょう。まわりの人にぶつからないように，人がいないところで走ってください。

ちょっと変な感じ…。

いつもと違う筋肉を使ってる感じ…。

これは転ばないように慎重に走った方がよさそうだ。

うまくいくコツ
転ばないようにはじめはゆっくりしたスピードで行う。

3．本番を行う

では，ここから実際に後ろ向きリレーを行います。校庭のトラックを１人半周です。コーナーを上手に走ってください。第一走者集まってください。よーい，スタート！

○○さん，うまく走っているなぁ。

ちょこちょこと後ろを見ながら走った方がよさそうだな。

かかとを上げてつま先を意識して走るといいかもしれないよ。

＼ ポイント ／

子どもは普通の生活で後ろ向きで走ることはほとんどありません。したがって，リレーの前に後ろ向きで走る練習の時間をしっかりととることでリレーもスムーズに行うことができます。後ろ向きで走ると普段とは違った筋肉を使うことになり，よい刺激になります。

いつもと違う走り方でバトンをつなごう！

逆回りリレー

時間

10分

準備物

●バトン
●アンカーたすき

ねらい

いつもと逆回りのコースでのリレーに取り組むことを通して，仲間と一緒に体を動かすことを楽しむ。

対象 低学年 中学年 高学年

1.ルールを理解する

今から「逆回りリレー」をします。校庭のトラックを使ってリレーをします。ただし，いつもとは少し違って，トラックを反対の向きで回ります。走る感じが少し違うので，そういった感じを楽しんでください。逆回りに走ること以外はいつものリレーと同じです。

2.練習を行う

では，実際にトラックを逆回りで走ってみましょう。直線はいつも通りですが，カーブの感じがいつもとは違うと思います。それでは自分のタイミングでスタートしてください。１周走ってきたら，今の場所に戻って座っていてください。

あっ，反対に回ると少し変な感じだなぁ。

うまくいくコツ
体の傾け方も逆なのでそのことを伝えます。

慎重に走らないと転んでしまいそうだなぁ。

3．本番を行う

では，実際に逆回りリレーを行います。第一走者は並んでください。準備はいいですか？　よーい，スタート！

○○さん，がんばれ！

負けないぞ！

しっかりと走って，仲間にバトンをつなげよう！

＼ ポイント ／

校庭のトラックをいつもの走り方（反時計回り）ではなく，反対の回り方（時計回り）で走ります。回り方が違うだけで走る感じが違ってきます。コーナー部分の走り方を数回練習してから本番のレースに臨むとよいでしょう。

丁寧に水をつなごう！

水運びリレー

時間 10分

準備物
●ペットボトル　●カップ
●バケツ　●アンカーたすき

水を運ぶリレーに仲間と協力して取り組むことを通して，体を動かすことを楽しむ。

対象 低学年 中学年 高学年

1.ルールを理解する

今から「水運びリレー」をします。みんなが手に持っている小さなカップを使って，スタート地点のバケツにある水をゴール地点にあるペットボトルまで運びます。ゴール地点のペットボトルの赤い線のところまで一番早く水が貯まったチームの勝ちです。

2.練習を行う

それでは，まず水を運ぶ練習をやってみましょう。カップにたくさんの水を入れ過ぎると，途中でこぼれてしまったり，ペットボトルに入れるとき時間がかかってしまうというマイナス面もあります。そういったことを考えて練習してみてください。

意外と難しいなぁ…。

うまくいくコツ
ペットボトルは透明なものを用い，赤い線をかいておきます。

焦らずにゆっくり運んだ方がよさそうだね。

3．本番に取り組む

それでは，実際にリレーをやってみましょう。
がんばってくださいね。よーい，スタート！

うわーっ，いきなり水がこぼれたー！

○○さん，ゆっくりでいいよ！

何だか，昔の防災訓練みたいでおもしろいなぁ。

＼ ポイント ／

水がこぼれても大丈夫な状況（場所・服装など）で取り組むようにしましょう。夏などの暑い時期に取り組むと，少しくらい濡れても大丈夫なので，とても盛り上がります。

リレー

大きなバトンを協力してつなごう！

巨大バトンリレー

時間

10分

準備物

- ●巨大バトン
- ●アンカーたすき

大きなバトンを使ってのリレーに仲間と協力して取り組むことを通して，体を動かすことを楽しむ。

対象
低学年
中学年
高学年

1. ルールを理解する

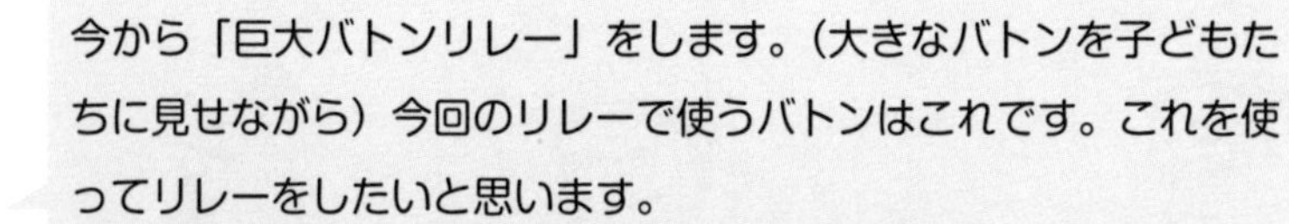

今から「巨大バトンリレー」をします。（大きなバトンを子どもたちに見せながら）今回のリレーで使うバトンはこれです。これを使ってリレーをしたいと思います。

うわ～，すごい。こんなの持って走れるかなぁ…。

バトンは片手で持ってもいいですし，両手で持ってもいいです。走りやすい持ち方を探してください。バトンが大きいこと以外はいつもやっているリレーと同じやり方です。

2. 練習を行う

少し時間をとるので，どういった持ち方や走り方がよいのかをチームのみんなで考えて，実際に走ってみてください。

片手でバトンの真ん中を持ったらいいんじゃない？

両手で持った方がいいと思う。

渡すときはバトンの下の方を持った方が渡しやすそうだね。

3．本番を行う

では，これから本番です。各チーム協力してがんばってください。
第一走者はスタートラインに集まってください。よーい，ドン！

○○さん，がんばれー！

＼ ポイント ／

バトンを変えることで走りに変化が生じます。バトンの長さは１m程度がよいでしょう。

いつもと違うバトンを仲間とつなごう！

変わりバトンリレー

時間

10分

準備物

●変わりバトン（巨大バトン，フラフープ，ボール）
●アンカーたすき

ねらい

いつものバトンとは違うバトンをつなぐリレーに仲間と協力して取り組むことを通して，体を動かすことを楽しむ。

対象
低学年
中学年
高学年

1.ルールを理解する

今から「変わりバトンリレー」をします。いつものようにリレーをするのですが，バトンだけが違います。いつもは30㎝くらいの長さの棒やリングを使っていますが，今日は少し変わったバトンを使います。3つ紹介するので，どのバトンにするのかチームで相談して決めてください。1つ目は，長い棒です。いつものバトンの4倍の長さ，1ｍちょっとの棒です。2つ目は，フラフープです。3つ目は，バスケットボールです。ボールの中でも大きめで，少し重いタイプですね。少し時間をとるので，どのバトンにするのかチームで相談してください。

2.チームでバトン選びをする

バスケのボールは結構重たいなぁ…。

うまくいくコツ
実物を使って実際に練習しながら相談させる。

棒は長いけど，真ん中を持てば走りやすいんじゃない？

フラフープは中に体を入れて走れば意外といいかも…。

どれもちょっと変なものだから迷うなぁ…。

3．本番を行う

それでは，本番です。2チームが棒，フラフープとボールがそれぞれ1チームですね。どうなるか興味深いですね。始めたいと思います。第一走者は集まってください。よーい，スタート！

○○さん，がんばれ！

棒はやっぱり普通のバトンに似ているから走りやすいのかなぁ。

＼ ポイント ／

変わりバトンは，選ぶものによって走りやすさに大きな差がつかないようなものを準備することがポイントです。

仲間と協力してたすきをつなごう！

ミニ駅伝

時間

10分

準備物

●たすき

ねらい

1本のたすきを仲間と協力してつなぐことを通して，体を動かすことを楽しむ。

対象 低学年 中学年 高学年

1.ルールを理解する

今から「ミニ駅伝」をします。みんなは駅伝を知っていますか？正月にやっている箱根駅伝などが有名ですね。簡単に説明すると長い距離を走るリレーです。そして，いつも取り組んでいるリレーよりも少し走る距離が長いものがミニ駅伝です。駅伝では「たすき」をつないでいくのも特徴です。
実際のやり方を説明します。コースは校庭をぐるっと回ります。今いる場所をスタートとゴールとします。まずジャングルジム，次に鉄棒，そして砂場を回って，ここに戻ってくるコースです。1周の距離はおよそ200m です。そのコースで合計6周の勝負とします。メンバーの人数は自分の走力などを考えて決めてください。人数の最大は6人です。その場合は1人1周です。3人，2人でも構いません。3人のチームは1人が2周，2人のチームは1人が3周走ることになります。持久走が得意な人はぜひ少ない人数にチャレンジしてみてください。

2．チームを決める

私は走るのが苦手だから，6人組のチームにしよう。

○○さん，2人でチームを組もう。

うまくいくコツ
担任はそれぞれの子どもの走力を意識してアドバイスをする。

3．本番を行う

それでは，ミニ駅伝を始めます。第一走者はスタートラインに集まってください。他の人はしっかりと応援をしてあげてくださいね。

＼ ポイント ／

一般的に持久力を高める運動は1人で取り組みますが，このミニ駅伝では仲間がいて，応援してくれる人がいることで，よりがんばろうという気持ちが強くなります。また，走力差を考慮し，グループの人数を自分たちで選ばせることでその子どもの力に合った活動になります。

友だちと声をかけ合って走ろう！

2人で駆け足跳び

時間

15分

準備物

●短縄

ねらい

駆け足跳びを2人で行うことを通して，用具を操作する楽しさ，難しさを味わう。

1.ルールを理解する

今から「2人で駆け足跳び」をします。いつもなら1人で駆け足跳びをするのを2人で行います。息を合わせてゴールを目指そう！

2.練習を兼ねて1人で駆け足跳びする

実際にやってみる前に，1人で駆け足跳びをしてみましょう。

1人なら簡単だよ！

自分のペースで走ることができるから，速く走れるよ！

3.2人で走ってみる

では，2人組になってお互いの縄を持ち合ってやってみよう！

2人だと自分のペースで走れない！

縄を回す速さがずれてしまって跳べない！

うまくいくコツ
すぐに走らず，まずは歩いて駆け足跳びを行う。

4．みんなで競争する

では，みんなで競争してみましょう！

一緒にがんばろうね！

「せーの」で声を合わせて縄を回し始めようね！

息を合わせてできたね！　次は他のお友だちとやってみよう。

＼ ポイント ／

駆け足跳びをするとき，「1・2・1・2」や「右・左・右・左」と声をかけ合うことがポイントです。

なわとび

いろんな友だちとやってみよう！

一緒にジャンプ

時間

15分

準備物

●短縄

ねらい

2人で1本の縄を回して跳ぶ活動を通して，多様な動きをつくる。

1．ルールを理解する

今から「一緒にジャンプ」をします。いつもなら1人ずつ縄を持ちますが，今日は2人で1本の縄を跳びます。

えーっ，どうやって跳ぶのかな!?

2．2人でいろいろな跳び方に挑戦する

では，実際にいろいろな跳び方に挑戦してください。

跳ぶタイミングを合わせるのが難しい！

3．できたことを発表する

できたことを発表しましょう。1人ずつ跳んでいた人や2人同時に跳んでいた人もいました。前跳びや後ろ跳びもありましたね。

後ろ跳びできたよ！　２人で跳べたよ！

4．発表で見たことをやってみる

いろんな跳び方があったね。
かっこいいと思った跳び方に挑戦してみよう！

２人で跳ぶの，思っていたより難しいなぁ。

「せーの！」で跳ぶタイミングを合わせてみよう！

今度は違う人とやってみよう！

＼ ポイント ／

１回で終わらず，メンバー替えをしながら何度も行うことで，子ども同士の関係も深まります。

チームで協力してタイムを競おう！

トラベラーリレー

時間

15分

準備物

●短縄

ねらい

タイムを測りながらリレーを行うことを通して，どうすれば素早く，正確に跳ぶことができるかを考える。

1.ルールを理解する

今から「トラベラーリレー」をします。5人1組になって，縄を回しながら跳ぶ人1人，跳ぶ専門の人4人に分かれます。回しながら跳ぶ人は横に移動しながら，1列に並んだ跳ぶ専門の人と一緒に跳びます。跳ぶ専門の人は1回跳んだら，列の一番前に素早く移動し，また次の番が回ってきたら跳び…を繰り返します。こうしてゴールまでつながっていきましょう。

2.練習を兼ねて2，3回行う

（練習の途中で）お手本を見せてくれるチームはありますか？

はい！

他のチームの跳び方をよく見てみよう！

うまくいくコツ
練習の途中で，上手に跳んでいるチームのコツを共有する。

3．チームで作戦会議を行い，再び練習する

では，チームで作戦会議をして，もう一度練習しましょう。

前よりスムーズに進めるようになった！

引っかからずにゴールまで行けた！

4．タイム測定会を行う

では，タイム測定会を行います。
見ているチームは，跳んでいるチームを応援しましょう！

がんばれー！　落ち着いてー！

＼ ポイント ／

1回で終わらず，何度も行って，様々なメンバーで行うことで，子ども同士の関係が深まります。

体を柔らかくしよう！

なわとびリンボー

時間 5分

準備物 ●短縄

ねらい

2人で持った短縄をリンボーダンスのようにくぐりぬける活動を通して，体の柔軟性を競うことを楽しむ。

対象 低学年 中学年 高学年

1.ルールを理解する

今から「なわとびリンボー」をします。2人で短縄の端を持ち，ピンと張ります。挑戦する人は，体をゆっくり後ろに反らして，バランスをとりながら縄の下をくぐります。縄に体が触れたり，手やお尻が地面についたりすれば失敗です。

2.練習を兼ねて2，3回行う

では，実際にやってみましょう。初級編です。縄をくぐる人の肩の高さに合わせてみよう。

簡単だったよ！

私も楽勝だった！

うまくいくコツ
足を広げて，重心を低くすると通りやすい。

3.だんだん低くしていく

今度は中級編！　縄をくぐる人の胸の高さにしてみましょう。縄に体が触れたり，地面に手やお尻がつかないようにがんばろう。

まだまだいけそうだよ。

4.限界に挑戦する

最後は上級編！　どこまで下げられるか挑戦しましょう。

あ～，倒れそう…。

あと少し，がんばって！

＼ プラスα ／

時間制限を設けると難しさがアップします。また，音楽に合わせて挑戦すると楽しさ倍増です。

回転する縄に合わせてジャンプしよう！

ロープまわし

時間 5分

準備物 ●短縄

ねらい

回転する縄を跳び越える活動を通して，リズムよくジャンプすることを楽しむ。

対象 低学年 中学年 高学年

1．ルールを理解する

今から「ロープまわし」をします。縄を回す人が中心になって，コンパスのように地面近くで縄を回します。

2．練習を兼ねて２，３回行う

では，実際にやってみましょう。縄に当たらないようにリズムよくジャンプしよう。はじめだからゆっくり回そうね。

簡単だったよ！

3．肩の高さで回す

次は，肩の高さで縄を回します。縄が回ってきたら，タイミングよくしゃがみましょう。顔に当たらないように気をつけてね。

これも簡単だったよ！

4. ジャンプ＆しゃがむ

縄が上で回っているときはしゃがみ，足元で回っているときはジャンプしましょう。ジャンプとしゃがむことを交互に繰り返します。

5. 縄をよく見て挑戦

今度は回し手が縄を上下させて，それに合わせてジャンプしたり，しゃがんだりしましょう。

ジャンプするかしゃがむか判断するのが難しかったけど，おもしろかったよ！

＼ ポイント ／

高い位置で縄を回すとき，顔に当たってけがをしないよう，回すスピードに注意しましょう。

はさまれないようにステップしよう！

なわとびバンブーダンス

時間

3分

準備物

●短縄

ねらい

縄に挟まれないように持続的にステップを踏む活動を通して，リズムよく動く心地よさを感じ，持久力を向上させる。

対象
低学年
中学年
高学年

1.ルールを理解する

今から「なわとびバンブーダンス」をします。2本の短縄の動きに合わせてステップを踏みましょう。縄に引っかかったり，縄を踏んだりしないように注意してね。

うまくいくコツ

縄を張ると跳びやすい。また，縄の持ち手で床をたたくとリズムがとりやすい。

2.練習を兼ねて2，3回行う

片足ずつが難しい場合，両足でリズミカルに跳んでもいいよ。

3.3拍子に合わせてステップを踏む

縄の持ち手が「1・2・3」と3拍子のリズムを言いながら縄を操作すると，ステップしやすいよ。

本当だ！　リズムがとりやすくなったよ。

4．4拍子に合わせてステップを踏む

縄の持ち手が「1・2・3・ウン」と4拍子のリズムを言いながら縄を操作してもできるかな？

5．曲に合わせてステップを踏む

「こいのぼり」や「ぞうさん」のような3拍子の曲に合わせて，ステップを踏んでみよう。

歌いながらステップを踏むのは難しいけど，リズムに乗れて楽しい！

＼ ポイント ／

いろいろな音楽やリズムに合わせてステップを踏むと，動き方のバリエーションが増えて楽しくなります。

みんなで記録にチャレンジしよう！

連続跳び（0の字，1の字，4の字）

時間

15分

準備物

●長縄

ねらい

様々な長縄の連続跳びを通して，前の人と間隔を空けないように，縄のタイミングに合わせて跳び越えられるようになる。

1．ルールを理解する

今から「連続跳び」をします。８の字跳びはしたことがあったね。今日は８以外の数字「０，１，４」の字跳びにチャレンジするよ。

０の字跳びは，かぶり側から入って，そのまま同じ側に出ていくよ。また同じところに戻ってきて繰り返し跳びます。

１の字跳びは，縄と平行に真っすぐに進んで跳びます。向こうまで行ったら，逆側に回ってまっすぐに進みます。帰りはむかえ跳びになるから難しいよ。

４の字跳びは，はじめは１の字と一緒。向こうまで行ったら，帰りは縄の真ん中を突き抜けて跳びます。

2．間隔ありでやってみる

では，実際にやってみます。まずは連続で跳ばなくてもOKです。前の人と間を空けてもいいので，順番に跳んでみましょう。

1の字は，帰りが難しいな…。

出るときに引っかかってしまう…。

うまくいくコツ
入るタイミングで声をかけ合う。

3．間隔なしで記録にチャレンジする

では，今日の記録をとりましょう！
間を空けずに何回連続で行けるかな。

やったー，新記録！

うまくいくコツ
次の人の邪魔にならないように，すばやく縄から出る。

8の字跳び

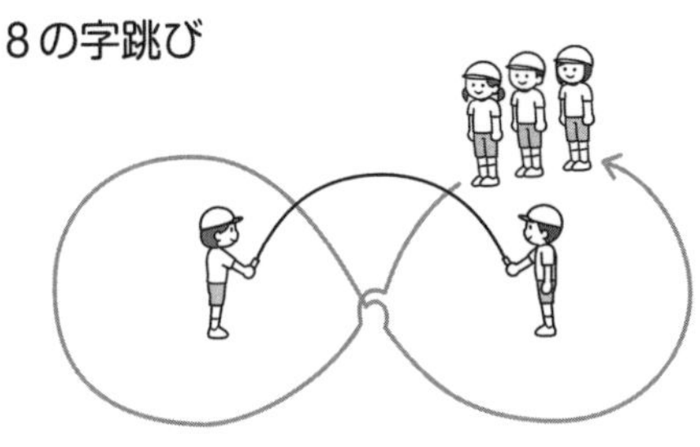

0の字跳び

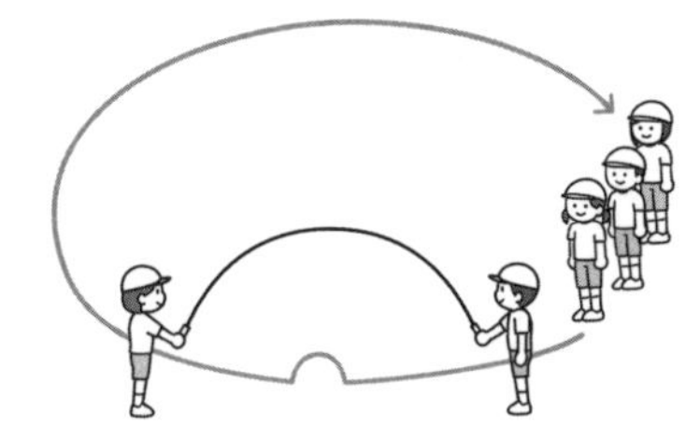

1の字跳び

4の字跳び

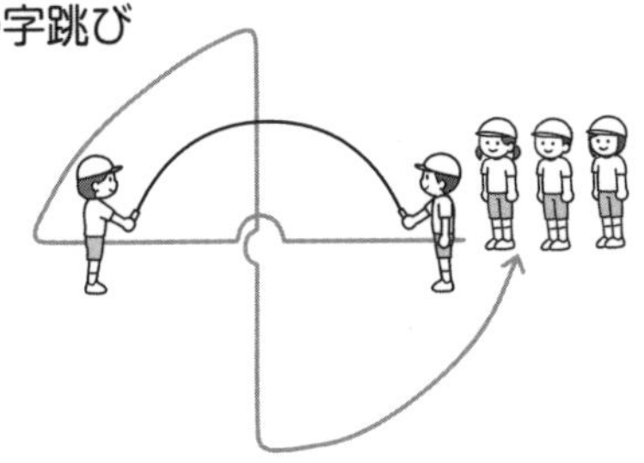

＼ ポイント ／

まずは比較的に簡単な8の字跳びから始め，0の字，1の字跳び，4の字跳びの順に進めていきましょう。

気持ちとタイミングを合わせよう！

タッチなわとび

時間 15分

準備物 ●長縄

ねらい

タッチなわとびを通して，仲間とタイミングを合わせて跳び，決められた方法でタッチをすることができるようになる。

1 .ルールを理解する

今から「タッチなわとび」をします。普通に長縄を跳ぶだけではなく，跳びながら仲間とタッチするよ。
まずは両側からそれぞれ縄に入ります。向かい合って跳び，タイミングを合わせて両手でタッチします。3回タッチしたら縄から出ます。2人とも無事に出られるところまでできたら成功です。

2 .タッチなわとびを行う

では，やってみましょう。最初は同時に入らずに，1人ずつ入って OK です。

手を出すタイミングが難しいな…。

スタートするときはかけ声をかけるといいね。

うまくいくコツ
2人がぶつかってしまうので，真ん中に寄り過ぎない。

3.すれ違いタッチに挑戦する

少しレベルアップして，すれ違いながらタッチするよ。どっちがどこから入ってタッチするのか相談してからやってみましょう。

入るタイミングを合わせなくちゃいけないね。

やった，できたよ！　3人でもできるかも！

手のひらタッチ

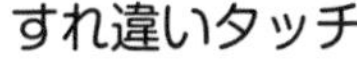

＼ プラスα ／

タッチのかわりにじゃんけんをするのも楽しめます。タッチの方法，縄の出方，すれ違いの方向などいろいろ考えてチャレンジしましょう。

スリルを楽しもう！

エックスなわとび

時間

10分

準備物

●長縄

ねらい

エックスなわとびを通して，「かぶり」か「むかえ」，縄の回転方向をしっかり見極め，タイミングを合わせて跳ぶことができるようになる。

1.ルールを理解する

今から「エックスなわとび」をします。回す人は4人です。（実際にやってもらいながら）エックスの形に回す人はこのように位置します。「せーの」でタイミングを合わせて同時に回します。タイミングがずれるとうまく回せませんよ。
跳び手は，中で止まらずに跳んだら出て行きます。4か所の出入り口があるから，いろいろ試してみよう。

2.練習を行う

では，実際にやってみましょう。最初はどこから入ると簡単そうかな？　いろいろな入口，出口を試してみよう。

ここからだと2本ともかぶり跳びになるから入りやすいんじゃないかな…。

入ったところと同じところから出るのも難しいよ。

3．連続跳びに挑戦する

次はみんなで連続跳びにチャンレンジしましょう。前の人と同じコースを間を空けないように跳んでいきます。何人連続で行けるかな。たくさん人数がいれば，連続で2周目に行ってもいいですよ。

入るタイミングが遅れると間が空いちゃう。タイミングをつかまないといけないね。

うまくいくコツ
跳んだときに，出ていく方向に体を向けておく。

やった，5人連続でできたよ！

＼ プラスα ／

手をつないで2人で入る，2人ですれ違うなど，複数人で取り組むバリエーションにもチャレンジしてみましょう。

なわとび

素早く駆け抜けよう！

三角なわとび

時間 15分

準備物 ●長縄

ねらい

縄の回転を見極めながら，駆け足跳びで，跳びながら次の縄へと素早く移動していくことができる。

対象 低学年 中学年 高学年

1．ルールを理解する

今から「三角なわとび」をします。回し手３人で，三角形の形をつくります。（実際にやってもらいながら）「せーの」でタイミングを合わせて同時に回します。
跳び手は，外から入って，三角形の内側で次々と３本の縄を跳んでいきます。うまく同じところから出て行けたら成功です。

2．練習を行う

では，実際にやってみます。最初は跳ぶ間でいったん止まってもいいですよ。慣れてきたら連続で跳んでみましょう。

なるべく縄の前の方で跳ばないと次に行けないな…。

腕も使うと方向転換がうまくいくよ。何周でも回れるよ！

3. 連続跳びに挑戦する

次はみんなで連続跳びにチャレンジしましょう。前の人に続いて間を空けないように跳んでいきます。何人連続で行けるかな。2周目に行ってもいいですよ。

前の人をよく見ていないといけないな…。
入るタイミングがずれると引っかかってしまうよ。

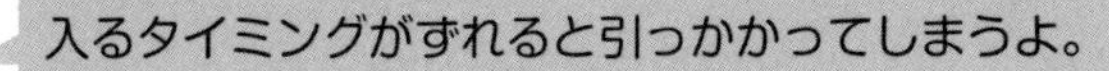

跳ぶ位置も気をつけないと，次の人のじゃまになってしまうね。

連続でできるとかっこいいね！　次は2周目にチャレンジだ！

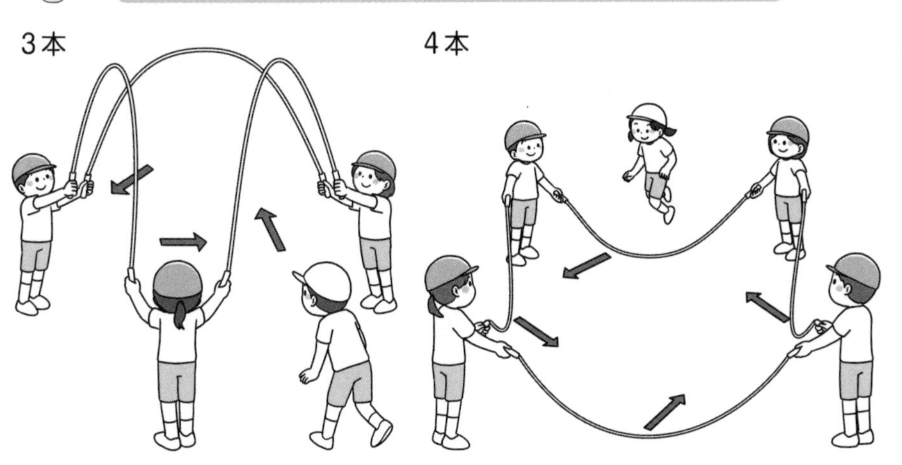

＼ プラスα ／

回し手を増やして，四角形にすることも可能です。複数で取り組むバリエーションにもチャレンジしてみましょう。

なわとび

ルールに合わせてピタッと止まろう！

巻き戻しだるまさんがころんだ

時間 5分

準備物 なし

ねらい

普段経験していない動きを経験することを通して，表現につながる多様な動きを身につける。

対象 低学年 中学年 高学年

1.ルールを理解する

今から「巻き戻しだるまさんがころんだ」をします。
まずは，「早送り」と「スロー」をやってみましょう。

2.「早送り」を行う

まずは普通に１回やってみよう。
（普通のスピードで）だるまさんがころんだ！
次，早送り，だるまさんがころんだ！（早口で）

3.「スロー」を行う

次はスローでやってみよう。
スローで～，だぁるぅまぁさぁんがぁこぉろぉんだぁ～。

4.「巻き戻し」を行う

さぁ，いよいよ「巻き戻し」です。
今までより難しいよ。
巻き戻しで，だんろこがん…

うまくいくコツ
はじめはゆっくり言うようにする。

うぁ～，どこが終わりかわからない！

＼ プラスα ／

慣れてきたら，「早送りで巻き戻し」「スローで巻き戻し」のように組み合わせもできます。

表現・リズム

動物を表現してみよう！

木の上の動物クイズ

時間 8分

準備物 なし

ねらい

不安定な場所で表現をする活動を通して，表現につながる多様な動きを身につける。

対象 低学年 中学年 高学年

1.ルールを理解する

今から「木の上の動物クイズ」をします。出題者は鉄棒で木の上にいる動物を真似っこしてください。先生が「何の動物でしょう？」って言ったら，みんな答えてくださいね。

2.教師の手本を見る

まずは先生がお手本を見せますね。
（猿の真似をやりながら）これは何の動物でしょう？

お猿さん！

ナマケモノだ！

正解は…，猿でした。

3．順番にいろいろな動物を真似する

次は○○さんの番。よろしくね。

これは何の動物でしょうか？

コウモリだ！

うまくいくコツ
下にマットなどを敷くと，安心して真似できます。

＼ プラスα ／

「ツバメが●●しているところ」のように動きをつけると，表現力だけでなく筋持久力も高めることができます。

表現・リズム

即興的に動こう！

リーダーはだれだ

5分

なし

ねらい

真似しやすいポーズを考えたり，瞬時にポーズを真似したりする活動を通して，即興的な表現力を磨く。

対象 低学年 中学年 高学年

1.ルールを理解する

今から「リーダーはだれだ」をします。先生が鬼になるから，みんなはまずリーダーを決めてください。そして，みんながつくった円に先生が入ったら，リーダーは何かポーズをとってください。みんなも瞬時にリーダーと同じポーズをとってください。先生は「この人がリーダー」ってわかったら，名前を言います。正解していたら今度はそのリーダーが鬼になります。

2.練習を兼ねて1回行う

わかった，リーダーは○○さん！

違います！

やったー！

3.鬼を変えて行う

当てられたから今度は○○さんが鬼だね。
鬼以外の人はリーダーを決めましょう。

うまくいくコツ
大きな動きや真似しやすい動きをしたリーダーをほめる。

＼ ポイント ／

リーダーは真似しやすいポーズを考えること，それ以外の子どもは即興的に動き，真似することが表現力の向上につながります。

生き物を表現してみよう！

○○でとおりゃんせ

時間 8分

準備物 なし

ねらい

生き物の真似をしながら活動することを通して，模倣することの楽しさを知る。

対象 低学年 中学年 高学年

1．ルールを理解する

今から「○○でとおりゃんせ」をします。例えば，先生が「動物さんでとおりゃんせ」と言ったら，みんなは何か動物の真似をしながら歩きます。歌が終わったときに先生と鬼につかまった人が，次の鬼になりますよ。

2．「動物さんでとおりゃんせ」を行う

では，「動物さんでとおりゃんせ」をやってみましょう。
とおりゃんせ，とおりゃんせ，ここはどこのほそみちじゃ，
動物園のほそみちじゃ…

とおりゃんせ，とおりゃんせ…
（歌いながら動物の真似をして歩く）

3.「おさかなさんでとおりゃんせ」を行う

では今度は「おさかなさんでとおりゃんせ」です。
とおりゃんせ，とおりゃんせ，ここはどこのほそみちじゃ，
水族館のほそみちじゃ…

わーっ，つかまったー！

＼ プラスα ／

○○のところは「昆虫」や「忍者」など，子どもの興味や知識に応じて変化をつけましょう。

表現・リズム

動きをピタッと止めよう！

ストップあそび

8分

●タンバリン（体育用太鼓）

動きを急に止めるあそびを通して，表現につながる多様な動きを身につける。

1．ルールを理解する

今から「ストップあそび」をします。先生がタンバリンをたたいている間は円の中を動きましょう。先生が「ストップ」って言ったら，動きをピタッと止めます。止まれなかった人は，島の中に入ってもらいます。

2．練習を兼ねて2，3回行う

1回やってみましょう。
(歩くぐらいのテンポでタンバリンをたたく）ストップ！

3．だんだん速くしていく

タンバリンのテンポが速くなるよ。
みんなも音に合わせて速く動こう。

4.ゆっくり行う

今度はゆっくり，大きく動くよ～。

遅い方が難しい！

うまくいくコツ
タンバリンの音を強く，間を開けてたたく。

＼ プラスα ／

スキップやケンケンなど，動きに変化をつけることで難易度を上げることができます。

表現・リズム

カウントをよく聞いて大きく手をたたこう！

カウントクラップゲーム

時間

10分

準備物

●リズムのとりやすい曲

簡単な4カウントを意識し，指示された通り体を動かす活動を通して，リズムダンスに慣れ親しむ。

対象 低学年 中学年 高学年

1．ルールを理解する

今から「カウントクラップゲーム」をします。
先生が1・2・3・4とカウントするので，
まずは3のときだけ手拍子をしてみましょう。

2．練習を兼ねて2，3回行う

では，次は2と4のときに手拍子してみよう。
ゆっくり伝えるからやってみましょう。

簡単！

あっ，3でもたたいちゃった！

うまくいくコツ
はじめて行うときは，教師が前で実際手拍子し，指示したカウントを大きな声で伝える。

3.だんだん速くしていく

では，ここからが本番です。次は足踏みも入れましょう。
1と4のときに手拍子をして，2と3のときに足踏みだよ。
一度お手本をするから見てね。

難しい！

うまくいくコツ
足踏みは左右どちらから行ってもかまわないことを伝えると，安心して活動できる。

でも，できたらうれしい！

最後に，音楽に合わせて今のをしてみましょう。

なんか踊ってるみたい！

曲はリズムがとりやすくシンプルなものにする。

足が難しいなぁ…。

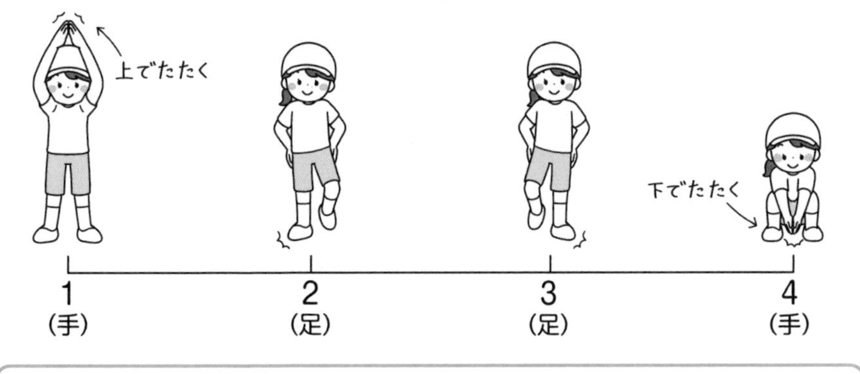

＼ ポイント ／

間違えてもよいので，大きく動くことをアドバイスしましょう。

表現・リズム

カウントをつかもう！

4カウントチュートリアルゲーム

時間

10分

準備物

●リズムのとりやすい曲

ねらい

4カウントの簡単な動きを，お手本通り継続して模倣する活動を通して，体を動かすことの楽しさを実感する。

対象
低学年
中学年
高学年

1.ルールを理解する

今から「4カウントチュートリアルゲーム」をします。先生が1・2・3・4とカウントしながら，簡単な動きを行います。その後「3・2・1・ムーヴ」と言うので，その後みんなは先生と同じ動きをしてね。手や足は反対になってもかまいません。

2.練習を兼ねて2，3回行う

では，これを続けてやってみます。みんなは動き終わったら，先生に「3・2・1・ムーヴ」と言ってね。すると，先生は次の動きをします。間違えてもいいから大きな動きで真似してみよう。

手と足が一緒に出てしまった～。

うまくいくコツ

はじめは簡単な左右対称の動きや，運動会などでよく使われるステップ（ボックス）から慣らしていく。

4回も連続でできた！

3．子どもが先生役をやる

では，前で先生役をやってみたい人はいますか？

はい，やってみたいです！

みんなができるような動きをお願いしますね。

4．音楽をかけて行う

上手にできていましたよ。
次回はもっといろんな動きを取り入れてみようね！

＼ プラスα ／

子どもたちで円になり，リードを交代しながら行う方法もあります。さらに慣れたら8カウントでの実践も可能です（その場合「3・2・1・ムーヴ」のかけ声を工夫する必要があります）。

ノリノリでいこう！

ボックスダンスゲーム

時間 10分

準備物 ●リズムのとりやすい曲

教師からの簡単な指示を自分なりに解釈し，４カウントのリズムにのせることで，リズムにのって体全体で表現することを楽しむ。

対象 低学年 中学年 高学年

1.ルールを理解する

今から「ボックスダンスゲーム」をします。自分を中心にして前・後ろ・右・左に四角い枠があると思ってください。先生は今から４カウントを使ってその枠の方向を伝えます。例えば「前・後ろ・右・左」みたいな感じです。その指示の後の４カウントで，指示された方に体を動かします。体ごと枠に移動するか，その枠の方向に指を指すだけでもかまいません。一度やってみましょう。

2.練習を兼ねて２，３回行う

では，続けてやってみましょう。
途中間違えても，堂々と体を動かしてみましょう。

先生，毎回真ん中に戻ってから動くんですか？

動かした先から次の指示の方向に動いてもかまわないですよ。

3．だんだん動きを複雑にしていく

では，音楽に合わせて試してみましょう。今まで聞いたことのないような指示が出てくるかもしれませんよ。無理せずできることを試してみましょう。

わっ，「ジャンプ」が入ってきた！

急に「ターン」は難しいなぁ…。
でも踊ってるみたい！

1曲分繰り返せるくらいまでみんなで練習しましょう。

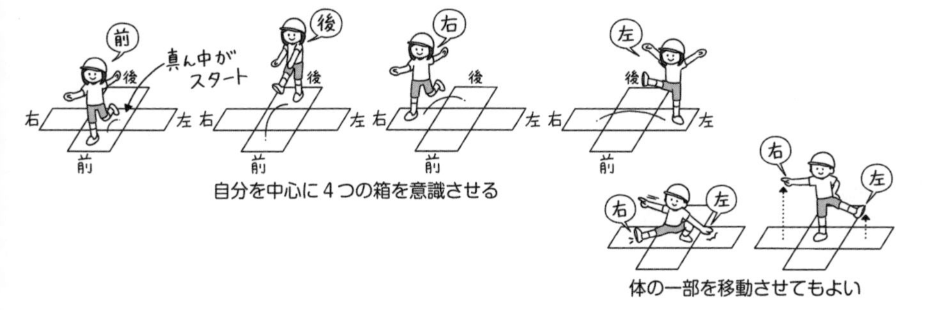

自分を中心に4つの箱を意識させる

体の一部を移動させてもよい

＼ ポイント ／

子どもに見本を見せる際，慣れていないと「右・左」などの声で指示した方向と体で示す方向が反対になってしまうことがあります。その場合，左右は「横」に統一して自由に動いてもらってもよいでしょう。

表現・リズム

ペアを変えながら楽しもう！

エクストリームアルプス一万尺

時間

10分

準備物

●リズムのとりやすい曲

ねらい

ペアを変えながら行うアルプス一万尺を通して，音楽に合わせて仲間と動きを楽しむ。

1.ルールを理解する①

今から「エクストリームアルプス一万尺」をします。みんなは「アルプス一万尺」を知っていますか？　今から動きを確認します。知らない人は，先生と同じ動きをしてみましょう。

2.小グループ（6人程度）で練習する

では，近くの人とやってみましょう。

○○ちゃん，すごく速い！

あっ，手を間違えた。

うまくいくコツ

あそびの特性上，左右が逆になると仲間と振りが組み合わないので，右・左の順番と振りの形は丁寧に教えておく。

3.ルールを理解する②

振りは完ぺきですか？　では，ルールを説明します。「指を組んでタッチ」の後，続きの振りをしながら新しいペアを探します。見つかったら，新しい仲間とタイミングを合わせてラストの「おみこしの形」をします。その後，「指を組んでタッチ」までそのペアで続け，また違うペアを探します。ペアを見つけるタイミングが短いので，上手に見つけてどれだけ続くか試してみましょう。制限時間内に，何人と取り組めるか試してみましょう。

同じ人と何回もするのはいいですか？

うまくいくコツ
タイミングをそろえるため何か音楽をかける。

できるだけ多くの人と組んでみよう。近くの人とアイコンタクトをとるのがコツです。

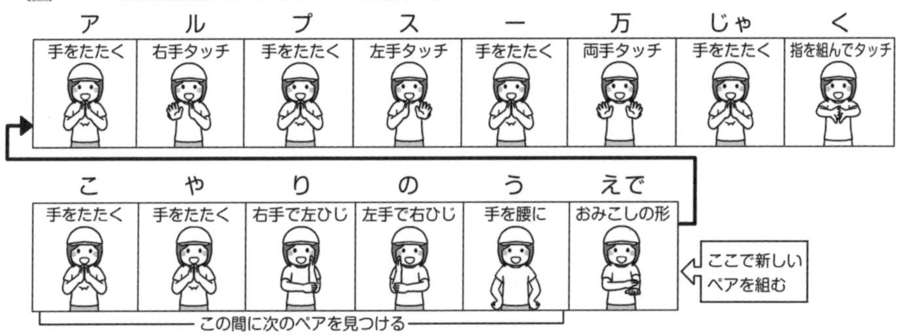

＼ ポイント ／

相手が見つからないと終わりではなく，制限時間に何人と行えたなどスコアで競う方法もあります。その場合同じ人とは連続でやらないなど，子どもたちからルールが出てくると素敵なゲームになります。

表現・リズム

みんなでつないで楽しもう！

8カウントリレー

時間 10分

準備物 ●リズムのとりやすい曲

仲間の動きを真似してどんどんつなぐ活動を通して，自分で考えた動きと合わさったときの楽しさを感じながらリズムダンスの基本を知る。

1.ルールを理解する①

今から「8カウントリレー」をします。まず，4カウントの簡単な動きを考えてください。だれでもできる単純なものでいいです。

> **うまくいくコツ**
> 簡単な動きを例で示すとわかりやすい。運動会などで使った動きの一部でもよい。

2.自分で動きを考えて練習をする

では，今考えた動きを2回繰り返して8カウントの動きにします。それが自分の動きになります。

1つだけですか？

いくつか考えていてもOKです。動きの引き出しが多いほど次の交流で役立ちます。だれでもできる単純な動きにしてね。

3.ルールを理解する②

今からグループ（6人ぐらいまで）で円になります。その後ジャンケンをして，勝った人から時計回りにスタートします。
最初の人は自分の動きを8カウントして，次の人に交代します。次の人からは，前の人の8カウントを真似してから自分の動きを追加していきます。これを繰り返して，どんどん長いダンスにしていきましょう。途中で間違えたら，そこでストップです。次は止まった人からスタートしましょう。止まったときは，動きはリセットです。いくつつながるか試してみましょう。

3つまでいけるのになぁ…。

4つ以上は覚えるの難しい！

うまくいくコツ
踊っていない仲間が手拍子などでリズムをとるように伝えるとカウントをとりやすい。

4つつながったら大成功です。みんなで目指してみましょう！

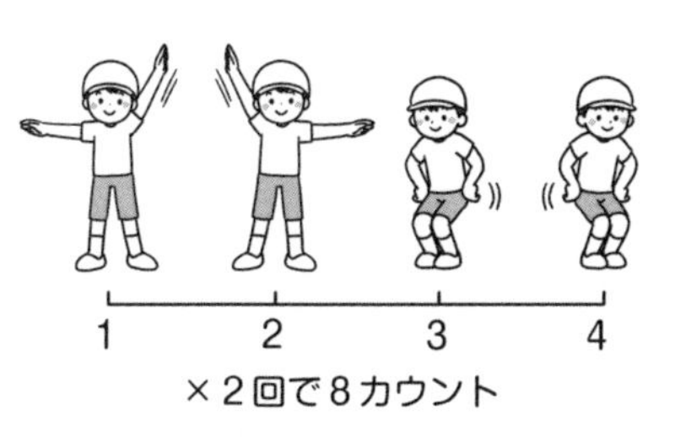

Ⓐの8カウント　自分の8カウント

Ⓐの8カウント　Ⓑの8カウント　自分の8カウント

＼ ポイント ／

完璧に真似するのではなく，大まかに合っていればよしとしましょう。手足の逆もよしとすると，ダンス未経験者も安心して取り組めます。

表現・リズム

いろんな人とペアになろう！

ガッチャン鬼

時間 10分

準備物 なし

ねらい

次々にペアを入れ替える鬼ごっこを通して，異学年の友だちと仲良くなる。

対象 低学年 中学年 高学年

1．鬼役と逃げる役を決める

今から「ガッチャン鬼」をします。まず，鬼役１人と逃げる役１人を決めます。やりたい人はいますか？　はい，ではじゃんけんで決めてください。

よーし，ぼくが鬼だ！

2．ペアをつくる

では，残りの人はペアをつくってください。
なるべく違う学年の人となりましょう。
ペアができたら，手をつないで少し広がりましょう。

よろしくね！

うまくいくコツ
人数が奇数の場合は，教員で調整する。

3.鬼ごっこを行う

鬼役は，逃げる役をつかまえます。逃げる役は，２人組のどちらかの隣に行き「ガッチャン」と言いながらくっつきます。反対側の人(「ガッチャン」と言われなかった人）が，今度は鬼から逃げる人になりますよ。では，よーい，ドン！

わ～っ，つかまりそう！　ガッチャン！

あとちょっとでタッチできたのに！　今度はあの子か…。

逃げる役が鬼につかまったら，鬼と逃げる役が入れ替わります。

＼ プラスα ／

鬼役と逃げる役を増やしたり，逃げる役をなしにして２人組が鬼から逃げたりするルールでも楽しめます（このとき，鬼が２人組のどちらかのそばに行き「ガッチャン」と言うルールになります）。

異学年交流

みんなの絆を感じよう！

異学年でスタンドアップ

10分

なし

ねらい

異学年グループで互いに支え合い，気持ちを１つにして立ち上がる活動を通して，学年を超えた一体感や達成感を味わう。

対象 低学年 中学年 高学年

1．2人組で行う

今から「異学年でスタンドアップ」をします。学年が違う友だちとペアになってね。向かい合って体育座りをしたら，つま先同士をくっつけて手をつなぎます。その体勢のまま，「せーの」で同時に立ち上がります。

せーの！　う～ん，うまく立てないなぁ…。

体格差は関係ないよ。大切なのはバランスとタイミングです！

なるべく後ろの方に体重かけてみて。せーの！　できたー！

2．4人組で行う

では，次はペアをくっつけて，4人組になってください。

今度は４人でチャレンジです。体育座りで，足は隣の人とくっつけてください。全員で手をつなぎ，「せーの」で立ち上がります。

バランスとタイミングが大事だね。○○さんはなるべく体重を後ろにね。ぼくは前めにするから。

よーし，いくよー！　せーの！　できたぁ！

おめでとう，最後は８人でも挑戦してみよう！

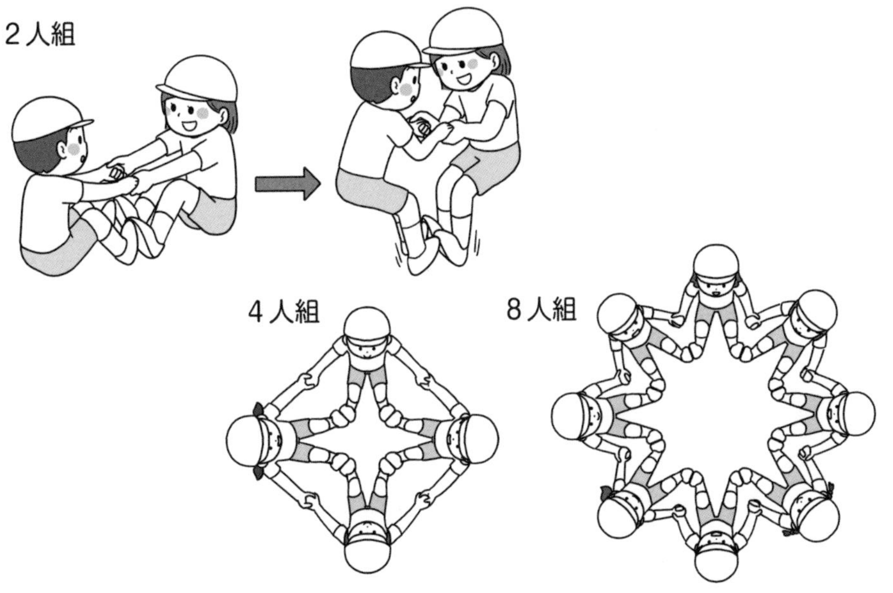

＼ ポイント ／

バランスを崩しそうになったら，無理をせず，足を動かして倒れないようにしましょう。

異学年交流

異学年交流

お互いのことをもっと知り合おう！

ハブユーエバー

時間

10分

準備物

●ケンケンパリング

ねらい

好きなことや得意なこと，やったことがあることなどを共有する活動を通して，お互いのことをもっと知り合う。

対象 低学年 中学年 高学年

1．ルールを理解する

今から「ハブユーエバー」をします。輪になって，ケンケンパリングの中に立ってください。先生がみんなに質問をするので，「そうだ」と思う人は今の場所を離れ，同じように動いた別の人のリングに移動してください。

2．練習を兼ねて2，3回行う

では，実際にやってみましょう。体育が好きな人～？

わーっ，好き好き！

あっ，○○君も体育が好きなの？　一緒だね。

全員リングの中に入れましたね。では，次の質問…。

3. 子どもが質問する

では，ここからはみんなにも質問してもらいます。1年生から順番に，1人1回質問をしましょう！　みんなのことがもっとわかるように，「○○したことある人？」「○○が好きな人？」「○○が得意な人？」というような質問ができるといいですね。

私からね。じゃあ…，一輪車に乗れる人～？

わぁ，結構いるんだね！　今度一緒にやろうね。

＼ ポイント ／

全員分の席があるのが特徴です。遅い子やふざける子が鬼になることもなく，罰ゲームもないので，安心して楽しめます。

低学年の子も活躍しよう！

火の玉ドッジボール

時間

10分

準備物

●ボール（色違いを２個）

ねらい

低学年の子だけが使えるボールを追加したゲームを通して，学年を超えてみんなでドッジボールを楽しむ。

対象
低学年
中学年
高学年

1．ルールを理解する

今から「火の玉ドッジボール」をします。
①ボールは２つ使います。そのうち，赤いボールは「火の玉」で，低学年の子しか触れません。
②高学年の子は，火の玉ボールに触っただけでアウトで，キャッチしてもアウトです。通常ボールは，ノーバウンドで当たったらアウトです。
③低学年の子は，通常ボールと火の玉ボールにノーバウンドで当たったらアウトです。

2．本番を行う

では，火の玉ドッジボールを始めます！

よーし，火の玉ボールを投げるぞー！

あっ，間違えてキャッチしちゃった！　アウトかぁ…。

お兄さんが後ろを向いているぞ。
今のうちに…，えいっ！

うまくいくコツ

外野に転がった火の玉ボールも低学年しか拾えない。外野に低学年がいない場合は，相手の内野ボールとする。

やったあ！　外野で当てたから
内野に戻れるぞ。

ピピーッ！　時間です。内野に残っている人の人数を数えます。
○対○で赤組の勝ちです！　礼！

ありがとうございました！

＼ ポイント ／

「高学年の子が利き手で投げるのは禁止」というルールをつけ加えると，さらに実力が拮抗して楽しめます。

お互いの名前や好きなことを覚えよう！

名刺交換鬼＆サイン集めゲーム

時間 10分

準備物
- ●名刺（10枚程度を事前につくる）
- ●鉛筆

ねらい

遊びながら名刺を交換したりサインをもらったりする活動を通して，お互いの名前や好きなことを覚える。

対象 低学年 中学年 高学年

1．事前に名刺をつくる

来週の縦割り班交流で「名刺交換鬼＆サイン集めゲーム」をします。今からカードを配りますから，学年・名前・似顔絵と，好きな食べ物やあそび，キャラクターなどを書いてください。

私のことがよくわかるように，好きな食べ物をたくさん書こう！

2．「名刺交換鬼」をする

まずは「名刺交換鬼」をします。この鬼ごっこは全員が鬼です。だれかにタッチしたりタッチされたりしたら，その人と名刺交換してください。名刺を交換している間は，他の人はタッチしないようにしましょう。名刺が全部なくなったらコート外で見学します。

タッチ！　はい，名刺をどうぞ。よろしくね。

3.「サイン集めゲーム」をする

続いて「サイン集めゲーム」をします。合図があったら，今持っている名刺の人を探してください。見つけたら自分の名前を言ってごあいさつをします。その後，カードにサインをもらってください。全部のカードにサインをもらえた人から，先生のところに集まります。探すときは名前を呼んでいいですよ。では，よーい，ドン！

○○さーーーん！　○○さんいますかー？

あっ，ここでーす！　○○です。よろしくね。

△△です。サインください。…ありがとう！

おっ，サイン集め一番乗りは□□さんですね。おめでとう！

＼ プラスα ／

時間に余裕があれば，「○○が好きな人はだれでしょう？」のように名刺に書いてある内容でクイズ大会を行うと盛り上がります。

【編者紹介】
『授業力＆学級経営力』編集部
（じゅぎょうりょく＆がっきゅうけいえいりょくへんしゅうぶ）

【執筆者一覧】
鈴木　邦明（帝京平成大学）
田村　　直（千葉大学教育学部附属小学校）
野澤　諭史（新潟市立鏡淵小学校）
小林　治雄（新潟市立結小学校）
前木場龍太（大阪市立本田小学校）
西岡　　毅（大阪市立西天満小学校）
垣内　幸太（大阪府箕面市立箕面小学校）
栫井　大輔（大谷大学）
中田　智之（大阪府東大阪市立成和小学校）
北川　雄一（東京都公立小学校）

6年間まるっとおまかせ！
短時間でパッとできる体育あそび大事典

2023年3月初版第1刷刊
2024年1月初版第2刷刊
©編　者　『授業力＆学級経営力』編集部
発行者　藤　原　光　政
発行所　明治図書出版株式会社
http://www.meijitosho.co.jp
（企画）矢口郁雄（校正）大内奈々子
〒114-0023　東京都北区滝野川7-46-1
振替00160-5-151318　電話03（5907）6701
ご注文窓口　電話03（5907）6668

＊検印省略
組版所　広研印刷株式会社

Printed in Japan　ISBN978-4-18-358121-1